Heinrich Dolmetsch

Der Ornamentenschatz

ein Musterbuch stilvoller Ornamente aus allen Kunstepochen

Heinrich Dolmetsch

Der Ornamentenschatz
ein Musterbuch stilvoller Ornamente aus allen Kunstepochen

ISBN/EAN: 9783743377721

Hergestellt in Europa, USA, Kanada, Australien, Japan

Cover: Foto ©Thomas Meinert / pixelio.de

Manufactured and distributed by brebook publishing software (www.brebook.com)

Heinrich Dolmetsch

Der Ornamentenschatz

DER

ORNAMENTENSCHATZ

EIN MUSTERBUCH

STILVOLLER ORNAMENTE

AUS ALLEN KUNSTEPOCHEN

85 TAFELN

MIT

1200 MEIST FARBIGEN ABBILDUNGEN

UND

ERLÄUTERNDEM TEXT

VON

H. DOLMETSCH

BAUINSPEKTOR,

VORSTAND DER KUNSTBIBLIOTHEK DER K. ZENTRALSTELLE FÜR GEWERBE UND HANDEL ZU STUTTGART

STUTTGART

VERLAG VON JULIUS HOFFMANN

1887

DER

ORNAMENTENSCHATZ

Vorwort.

Mit dem zunehmenden Aufschwung des Kunstgewerbes geht Hand in Hand eine wachsende Teilnahme des grösseren Publikums für die kunstgewerblichen Erzeugnisse der neuen und älteren Zeit. Hierbei wird eine gründliche Kenntnis der verschiedenen Stilarten, namentlich der denselben angehörenden Ornamente, mehr und mehr als ein allgemeines Bedürfnis empfunden.

Letzterem entgegenzukommen, ist der Zweck dieses Sammelwerkes. Es will nicht theoretische Vorschriften geben, sondern als praktischer Führer dienen, um durch unmittelbare Anschauung der chronologisch geordneten Beispiele einem jeden darüber Klarheit zu verschaffen, wie innerhalb verschiedener Zeitabschnitte bei den einzelnen Völkern die Ornamentik und besonders deren farbige Behandlung sich naturgemäss entwickelt und ausgestaltet hat. Ein besonderes Augenmerk wurde darauf gerichtet, aus dem unerschöpflichen Reichtum der von früheren Jahrhunderten uns überlieferten Kunstprodukte solche hervorragende, den einheitlichen Stilen angehörende Ornamententypen aneinanderzureihen, welche einerseits für systematische Studien geeignet sind, andererseits aber auch dazu dienen, den verschiedensten Kunstbeflissenen, von welchen der rasch wechselnde Geschmack unserer Tage fortwährend neue Formbildungen verlangt, eine reiche Fundgrube zu bieten, aus welcher sie bei Ausarbeitung eigener Kompositionen Anregung zu neuen Ideen entnehmen können. Möge sich hierbei die reiche Sammlung als ein sicherer Führer zur Auffindung einheitlicher und schöner Stilformen erweisen!

Dank der gütigen Unterstützung aller derer, welche die vorliegende Sammlung durch uneigennützige Ueberlassung von Originalgegenständen und Originalaufnahmen bereicherten, wie auch durch das von mir auf Reisen gesammelte Material, war ich in der günstigen Lage, eine Fülle solcher Beispiele vorführen zu können, welche bisher noch in keinem anderen Werke veröffentlicht worden sind. Bei der Benützung schon vorhandener Publikationen wurde thunlichst der genaue Titel des Quellenwerkes angegeben, um diejenigen, welche sich zu weitergehenden Spezialstudien hingezogen fühlen, auf die diesbezüglichen hochinteressanten Kunstpublikationen hinzuweisen.

Möge nun das vorliegende farbenreiche Werk, zu dessen Ausschmückung die Verlagshandlung sehr bedeutende Opfer gebracht hat, bei allen Interessenten eine wohlwollende Aufnahme finden und reichen Nutzen schaffen!

Stuttgart, im Oktober 1886.

H. Dolmetsch.

MALEREI UND PLASTIK.

AEGYPTISCH.

MALEREI und PLASTIK.

Die Verzierungsweise der Aegypter, des ältesten Kulturvolkes, umfasst symbolisch-bildliche Darstellungen, meist in Verbindung mit Hieroglyphenschrift. Säulen und Wände wurden benützt, um eine Bilderchronik des Kultus und des Alltagslebens darauf zu schreiben. Die bildlichen Darstellungen auf den Aufsenwänden ihrer Bauten bestehen in sehr flachen, häufig bemalten Reliefs, Koilanaglyphen genannt. Die Konturen sind tief eingegraben, der Gegenstand ist plastisch behandelt, doch so, dass die höchsten Stellen mit der Wandfläche gleich blieben. Taf. 1 Fig. 1. Die Malereien selber sind in ganzen Tönen, ohne Modellierung, mit kräftigen Konturen ausgeführt und zeigen reiche harmonische Farbenzusammenstellung.

Aus der Pflanzen- und Tier-Welt fanden in der ägyptischen Ornamentik die häufigste Anwendung: die LOTOSBLUME, ein Attribut der Isis und das Symbol der erzeugenden Naturkraft, die NYMPHÆA, der PAPYRUS, das SCHILF etc. Ferner der WIDDER, der SPERBER und insbesondere der DUNG-KÄFER, — SCARABÆUS — Taf. 1 Fig. 2. Ein weiteres häufig angewendetes Symbol ist die geflügelte Sonnenscheibe. Taf. 2 Fig. 2.

Die Kapitäle auf Taf. 2 zeigen ebenfalls die Anwendung obiger Pflanzenmotive und zwar Fig. 3 des Papyrus, Fig. 4 ein Knospenkapitäl, der Schaft ein Bündel Holzstämme vorstellend, Fig. 5 Palmblätter und Fig. 6 eine Papyrusknospe.

Fig. 1. Bemalte Relieffigur von einer Säule des Tempels zu Denderah.
" 2 u. 3. Malereien von Mumiengehäusen.
" 4 u. 5. Von einem Mumiengehäuse im Louvre, Paris.
" 6. Gemalte Bordüre von einem Sarkophag.
" 7. Bordüre von einem Mumiengehäuse. British Museum, London.
" 8. Ornament auf einem hölzernen Sarkophag. London.
" 9. Bordüre auf einem Mumienkasten. British Museum.
" 10. Teil eines Halsbandes. London.
" 11. Malerei auf einem Sarkophag. London.

AEGYPTISCH.

ARCHITEKTUR und MALEREI.

ARCHITEKTUR UND MALEREI.

MALEREI, BEMALTE SKULPTUREN, KERAMIK.

ORNAMENTENSCHATZ.

VERL · AVL. HOFFMANN, STUTTGART.

ASSYRISCH.

MALEREI. BEMALTE SKULPTUREN. KERAMIK.

Die Ausgrabungen am Tigrisflusse zu Chorsabad, Nimrud und Kudjundshik haben eine grofse Anzahl Architekturüberreste, Malereien und Skulpturen assyrischen Ursprungs ans Tageslicht gebracht, welche uns ein Bild von der Pracht und dem üppigen Luxus der Bauten dieses Volkes geben. Es zeigt sich bei der assyrischen Ornamentik wohl ägyptischer Einfluss, doch ohne dafs derselben eine originelle Selbständigkeit abgesprochen werden kann. Neben geometrischer Formen, wie Verschlingungen, Zickzacklinien, Rosetten etc., sind es Motive aus der Tier- und Pflanzenwelt, welche in der Plastik und Malerei verwendet wurden. Häufig finden wir den sog. heiligen Baum, Fig. 11 u. 12, meistens Bas-relief und bemalt, ferner geflügelte Greifen, Löwen und Stiere mit Menschenantlitz. Die geflügelte männliche Figur in der Mitte unseres Blattes stellt symbolisch die Seele vor. Zum Verkleiden der Wände fanden häufig glasierte Ziegel Anwendung, welche mit regelmäfsig wiederkehrenden figürlichen Darstellungen oder mit ineinander greifenden Dessins bemalt waren.

Fig. 1. Teil eines glasierten Ziegelsteins von einem Palast zu Chorsabad.
  „ 2—4. Bemalte Bas-reliefs aus Kudjundshik.
  „ 5. Gemaltes Ornament aus Nimrud.
  „ 6. Glasierter Ziegelstein aus Chorsabad.
  „ 7—10. Gemalte Ornamente aus Nimrud.
  „ 11—12. Geheiligte Bäume. Bemalte Bas-reliefs aus Nimrud.
  „ 13. Gemaltes Ornament aus Nimrud.
  „ 14. Emaillierter Ziegelstein aus Chorsabad.

GRIECHISCH.

ARCHITEKTUR. SKULPTUR. ORNAMENTIK.

Die griechische Ornamentik behält für immer einen mustergültigen Kunstwert und zwar hauptsächlich deswegen, weil die griechischen Künstler es verstanden, die Dekoration ihren Kunstproduktionen so anzupassen, dass sie nirgends den konstruktiven Kern des Werkes überwuchert, sondern denselben in schönen Linien und Formen begleitet. Dadurch bleibt die Grundform in klarer Abgeschlossenheit sichtbar und wird durch das Ornament nur noch mehr hervorgehoben. Bei der Betrachtung der herrlichen Architektur-Werke sowohl, als auch der einfachsten Gegenstände für den häuslichen Gebrauch, welche von Griechen geschaffen wurden, wird man dies bestätigt finden; sie überraschen durch ihre hohe Formvollendung und hohe Schönheit den Beschauer.

Fig. 1 — 3 zeigen Repräsentanten der 3 Entwicklungsformen griechischer Architektur: des dorischen, des jonischen und des korinthischen Stils.

Im dorischen Kapitäl ist in ruhiger Einfachheit der Zweck des Tragens ausgesprochen und erinnert in seinen Formen an den strengen Sinn des dorischen Volksstammes. Fig. 2 zeigt Leichtigkeit und vollendete Anmut, wie sie dem Charakter des jonischen Volkes entspricht. In den üppigen Formen des korinthischen Kapitäls aber zeigt sich die Prachtliebe, welche sich von der reichen Handelsstadt Korinth aus über ganz Griechenland verbreitete.

Fig. 4 zeigt eine jener herrlichen Jungfrauengestalten, wie sie an Stelle von Säulen an der Karyatidenhalle des Erechtheions verwendet wurden.

Fig. 1. Dorisches Kapitäl von Pästum (mit aufgemalten Ornamenten).
  „   2. Jonisches Kapitäl vom Tempel des Erechtheus auf der Akropolis zu Athen.
  „   3. Korinthisches Kapitäl vom choragischen Monument des Lysikrates in Athen.
  „   4. Karyatide vom Erechtheion.
  „   5 u. 6. Akroterien von Stelen (Grabsäulen), Paris.
  „   7 — 9. Anthemienverzierungen.
  „   10 u. 11. Greifen. Friesfragmente.
  „   12 u. 13. Marmortischfüße im Nationalmuseum in Neapel.
  „   15 u. 16.   „   im British Museum in London.

ARCHITEKTUR, SKULPTUR UND ORNAMENTIK.

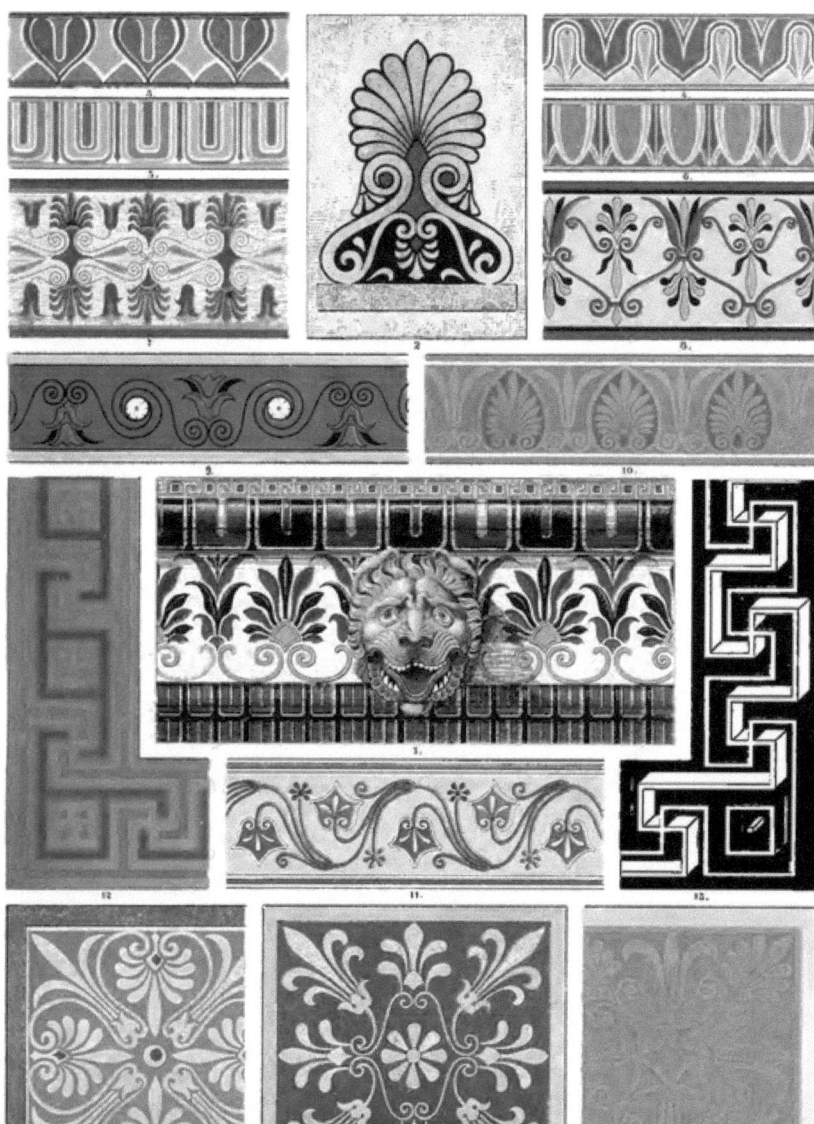

GRIECHISCH.

POLYCHROME ARCHITEKTUR.

Taf. 5 zeigt eine Anzahl Ueberreste polychromer (vielfarbiger) Architekturteile. Es sind im allgemeinen dieselben konventionellen Formen, wie wir sie bei dem plastischen Ornamente und ebenso bei den auf Taf. 6 folgenden Vasenverzierungen finden. (Mäander, Herzblätter, Eierstäbe, Palmetten, Anthemienverzierungen etc.) Es gilt heute als sicher, dass die Architektur meistens farbig behandelt war; die oft ganz flach gehaltenen plastischen Ornamente mussten wohl polychromiert werden, um auf mitunter sehr grosse Entfernungen noch zu wirken.

Fig. 1. Polychromierte Sima (Rinnleiste) mit Löwenkopf aus Selinunt.
„   2. Akroterie vom Tempel der Nike Apteros.
„   3—6. Bemalte Gesimse von den Propyläen. Athen.
„   7. Ornament von einem Anten-Kapitäl vom Theseustempel. Athen.
„   8. Ornament von einem Tempel in Selinunt.
„   9. Fries vom Jupitertempel in Aegina.
„   10. Sima-Ornament vom Parthenon.
„   11. Ornament. In Pallazolle gefunden.
„   12 u. 13. Mäander.
„   14. Kassettenverzierung. London.
„   15. Metopenfeld aus gebranntem Thon, zu Pallazolle gefunden.
„   16. Kassettenfüllung aus den Propyläen.

GRIECHISCH.

KERAMIK.

Die Griechen waren es, welche die Töpferei zu einer freien Kunst emporhoben. Während in Aegypten die Herstellung von Thongefässen, welche allerdings nur dem gewöhnlichen Bedürfnisse dienten, oder ein billiger Ersatz für kostbare Geräte waren, von Knechten, einer verachteten Kaste, besorgt wurde, waren die griechischen Töpfer hochangesehen, so dass man ihnen Medaillen schlug und Denkmäler errichtete.

Aus der Hand geformte Gefässe mit plastischen Dekorationen sind bei den Griechen sehr selten. Die Einführung der Töpferscheibe fällt in die vorgeschichtliche Zeit und wird schon von Homer erwähnt. Beweise dieser Fabrikationsart haben sich auch im Schutte des alten Mykenä gefunden.

Die ältesten griechischen Vasen sind höchst einfach verziert, es wurden auf hellen (weissen oder gelblichen) Thongrund braune Bänder, Kreise, Quadrate etc. aufgemalt. Bald kamen jedoch auch solche mit Tierfriesen verziert vor.

In der weiteren Folge treten figürliche Darstellungen schematisch behandelt zwischen Bandverzierungen, Wellenlinien, Herz- und Lorbeerblättern, Mäanderzügen etc. auf, immer noch dunkel auf hellem Grunde mit häufiger Anwendung von Weiss.

In der Blütezeit der griechischen Keramik wechselte die Farbe des Grundes und der ornamentalen und figürlichen Darstellungen. Das Orangegelbe der Thonmasse wurde ausgespart, der Hintergrund schwarz ausgefüllt. Die mit dem Pinsel gezeichneten Figuren zeigen grosse Sicherheit und edle Feinheit. Fig. 10.

Es folgte nun eine polychrome Periode, welche wohl der Verfall der griechischen Töpferei genannt werden muss. Es wurden die Farben in grösseren Massen benützt, namentlich Hellgelb, Goldgelb, Blau, Violett und selbst Gold.

———

Fig. 1 — 9. Griechische Vasenformen:

  „ 1. Amphora, Gefäss für Öl, Wein etc.

  „ 2. Hydria, Gefäss zum Wassertragen.

  „ 3. Urne, Aschengefäss.

  „ 4. Oenochoen, Weinkanne, Giessgefäss.

  „ 5. Kylix, Trinkschale.

  „ 6. Deinos, Krater, Mischgefäss.

  „ 7. Lekythos, Gefäss für Salböl.

  „ 8. Kantharos, zweihenklige Trinkschale.

  „ 9. Rhyton, Trinkgefäss.

Fig. 10. Weibliche Figur auf einer Amphora im National-Museum in Neapel.

Fig. 11 — 32. Ornamente auf Vasen in den Museen von Neapel, Rom, München, Paris und London.

KERAMIK.

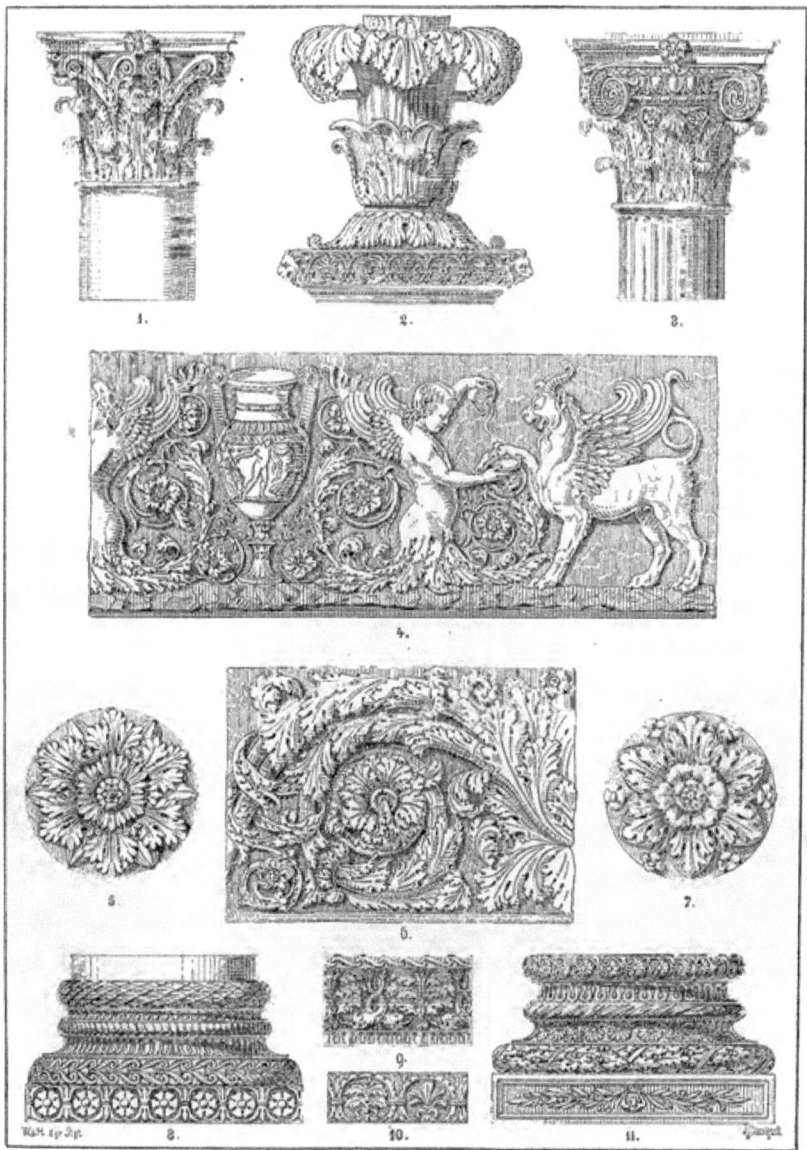

ARCHITEKTUR, SKULPTUR UND ORNAMENTIK.

RÖMISCH.

ARCHITEKTUR. SKULPTUR. ORNAMENTIK.

Die Römer zeigen in ihren Kunstwerken infolge des Mangels an originalem künstlerischen Genie eine entschiedene Abhängigkeit von der etruskischen, insbesondere aber der griechischen Kunst. Doch trat hier an Stelle der klassischen Formenreinheit eine häufig übertriebene dekorative Behandlung.

Dem Sinne der Römer für Pracht und Glanz entsprach noch am meisten die korinthische Ordnung, deren Kapitäl mitunter, wie z. B. beim Pantheon in Rom, Fig. 1, eine sehr fein empfundene Ausbildung erhielt; dagegen ist die Form des sog. Komposita-Kapitäls, Fig. 3, eine mechanische Mischung des korinthischen und jonischen. — Eine Fülle anderer korinthisierender Kapitäle, welche wir dann in der Renaissanceperiode wiederfinden, mit Delphinen, geflügelten Pferden etc. an Stelle der Voluten, zeugen von der übersprudelnden Phantasie ihrer Erfinder.

Bei den Ornamenten sind oft die einzelnen Blätterformen so streng stilisiert, daß deren natürlicher Ursprung schwer zu erkennen ist. Am häufigsten kam das Akanthusblatt zur Verwendung; dasselbe erscheint jedoch mit seinen abgerundeten Spitzen und volleren Formen viel weniger fein und zart als in der griechischen Kunst. Außerdem findet man noch Eichenblätter, Lorbeer, Pinienzapfen, Weinlaub, Palme, Epheu, Aloe, Winde, Ähre, Mohn u. dergl. in regelmäßiger Abwechslung und freier schwungvoller Entfaltung, belebt durch eine reiche Fülle von Blumen, Früchten und figürlichen Ausschmückungen.

Fig. 1. Korinthisches Kapitäl vom Pantheon in Rom.

„ 2. Kandelaberknauf aus dem vatikanischen Museum.

„ 3. Komposita-Kapitäl von einem Tempel der Juno in Rom.

„ 4. Bruchstück eines Frieses, in der Villa des Hadrian zu Tivoli gefunden, jetzt im Lateranischen Museum zu Rom.

„ 5 u. 7. Rosetten aus dem Vatikanischen Museum.

„ 6. Bruchstück eines Frieses aus Rom.

„ 8 u. 11. Säulenbasen aus spätrömischer Zeit.

„ 9 u. 10. Gesimsglieder von den Ruinen der Kaiserpaläste auf dem Palatin.

(Fig. 3 u. 8—11 nach Piranesi, die übrigen nach photographischen Aufnahmen.)

ROMISCH.

MOSAIK-FUSSBODEN.

Die Mosaik hat ihre Heimat wahrscheinlich im Orient. Bedeutende Vervollkommnung erhielt diese Technik bei den Griechen und wurde schliefslich von den Römern zur höchsten Vollendung gebracht. Letztere stellten, wie so viele in Pompeji ausgegrabene Fufsböden zeigen, nicht allein geometrische Muster durch Mosaik her, sondern auch Blumen, Tiere, Stillleben, Menschen- und Göttergestalten, ja vollständige Gemälde, in der Mehrzahl der Fälle wohl Nachahmungen nicht mehr vorhandener griechischer Bilder. — Das Material bildeten gewöhnlich verschiedenfarbige Steine und namentlich Marmor (selten Glaspasten). Beim Platten-mosaikboden, Fig. 2 und 3, ist die Form der Platten eine sehr mannigfaltige, während bei der eigentlichen Mosaik kleine Steinchen auf einer Betonunterlage zu interessanten Teppichmustern oder figürlichen Dar-stellungen aneinander gereiht wurden, Fig. 1 und 4—10. Derartige Mosaiken wurden auch auf Wänden und Gewölben angebracht.

Motive, wie das auf Tafel 5 Fig. 13, mit dem Streben nach reliefartigem Aussehen, fanden später vielfach bei Fufsböden Verwendung, sie liefern aber damit zugleich den Beweis, dafs der Geschmack jener Zeit schon im Sinken begriffen war.

Fig. 1. Mosaikfries im Hause des Faun in Pompeji (nach Niccolini).

„ 2 u. 3. Plattenmosaikmuster im Palatinischen Museum zu Rom (aufgenommen von H. Dolmetsch).

„ 4 u. 5. Mosaikböden aus der Jagdvilla zu Fliessem bei Trier (nach Schmidt, Baudenkmale der römischen Periode in Trier und seiner Umgebung, 1843).

„ 6 u. 7. Mosaikböden aus Pompeji (aufgen. von H. Dolmetsch).

„ 8, 9 u. 10. Desgl. von den Thermen des Caracalla zu Rom (aufgen. von H. Dolmetsch).

MOSAIK-FUSSBÖDEN.

ORNAMENTENSCHATZ.

VERL. v JUL. HOFFMANN, STUTTGART.

WANDMALEREI UND BEMALTE BASRELIEFS.

POMPEJANISCH.

WANDMALEREI und BEMALTE BASRELIEFS.

Die in Pompeji, Herculanum, Stabiä und auch in Rom aufgefundenen, zunächst nur dekorativen Zwecken dienenden Wandbemalungen können uns ein Bild der verloren gegangenen griechischen Malerei geben: denn es sind wahrscheinlich zum grofsen Teil Reproduktionen von Werken griechischer Meister, wenn auch in freier Weise ausgeführt und vom prachtliebenden römischen Geiste beherrscht. — In heiteren Farben mit bewunderungswürdigem Stilgefühl und kecker Meisterschaft sind sie von blofsen Handwerkern gewöhnlich al fresco aufgetragen.

Die Wände der durchweg fensterlosen Gemächer in Pompeji sind bedeckt mit leicht aufgebauten Architekturstückeh — eine ideale Erweiterung der Räume; sie sind in Sockel, Mittel- und Oberwand geteilt. Der Sockel hat in der Regel schwarzen Grund mit einfachen Ornament- oder Linienverzierungen, die Mittelwand erhält auf tiefrotem, grünem, blauem oder gelbem Grunde zwischen zierlichen Einfassungsornamenten, eine Belebung durch eine oder mehrere Figuren, Landschaften u. s. w. — Der obere Teil der Wand ist meist weifs, mit zierlichen bunten Scenerien belebt. Es finden sich jedoch auch Gelasse, deren Wände mit gelben Sockeln beginnen und mit schwarzen Friesen endigen. Neben den überaus reichen Arabesken wird das Auge noch besonders gefesselt durch die mit grofser Naturtreue dargestellten Guirlanden, Früchte, Masken, Kandelaber, Tiere, aufgehängten Waffen u. dgl. — Von Pflanzen waren besonders beliebt Epheu und Weinreben, auch Lorbeer, Myrte, Cypresse, Ölbaum und Palme.

Die Wände erhielten oben immer ein kleines bemaltes Stuckgesims (Fig. 15—20), auf welchem die häufig gewölbte Decke ansetzte, die dann auf lichtem Grund mit graziösen, bunten Linienornamenten, nicht selten auch mit farbigem Stuck, geschmückt war.

Fig. 1. Wandgemälde, eine Victoria darstellend, aus Pompeji.

„ 2 u. 3. Kandelaber, ebendaher, im Museum zu Neapel.

„ 4 u. 5. Bordüre aus Pompeji.

„ 6. Fries ebendaselbst (aufgen. von H. Dolmetsch).

„ 7—12. Bordüren aus Herculanum und Pompeji.

„ 13 u. 14. Sockelbemalungen aus Pompeji.

„ 15—20. In Stuck ausgeführte und bemalte Gesimse, ebendaselbst (aufgen. von H. Dolmetsch).

(Fig. 1—5 u. 7—14 aus den beiden grofsen Werken von Zahn u. Niccolini.)

POMPEJANISCH.

BRONCEN.

Das National-Museum zu Neapel, sowie die Sammlungen in Florenz und andern Orten Italiens geben einen reichen Einblick in die kleinere Kunst und Industrie im Altertum. Mit hoher Bewunderung erfüllt uns an den Bronce-Gegenständen, und seien es auch nur solche des gewöhnlichsten täglichen Gebrauchs, ihre fein abgewogene edle Gestaltung, welche die praktische Verwendbarkeit derselben in keiner Weise beeinträchtigt.

Kandelaber, Lampen, Lampenständerchen, meist in Dreifußform, Vasen, Koch-, Eß- und Trinkgeräte, an denen die schwungvolle Bildung des Profils, des Halses, namentlich aber der Handhaben und Henkel eine große Vollendung erreicht; Ruhebetten, Kohlenbecken, Theatermasken, Rüstungen und wie diese Dinge sonst heißen mögen: aus ihnen allen weht der frische Hauch griechischer Schönheit, die sich auch in dem fast durchgängig vorhandenen weisen Maßhalten nicht verbirgt.

Die Bronce-Statuetten sind in der Regel aus mehreren, besonders gegossenen Stücken zusammengesetzt. Gar viele dürfen wegen ihrer echt künstlerischen Form zu den besten Schöpfungen der alten Welt gezählt werden.

Fig. 1. Brunnenfigur. Trunkener Faun. Eine der in Pompeji (1880) gefundenen Broncefiguren, welche zu den vorzüglichsten Arbeiten dieser Art gehört.

„ 2 u. 3. Zwei Lampen (lucerna), im Museum zu Neapel.

„ 4 u. 5. Große Kandelaber, in der Sammlung des Louvre in Paris.

„ 6 u. 8.   „   „   im Museum zu Neapel.

7. Seitenansicht des Knaufs vom Kandelaber Nr. 6 vergrößert.

9. Kandelaberknauf, in Neapel.

10. Zweiarmiger kleiner Kandelaber mit Faunfigur, in Neapel.

11. Bisellium, Ehrensitz für Magistratspersonen, mit schöner Profilierung, im Louvre zu Paris.

12 u. 13. Dreifüße aus Herculanum, im Museum zu Neapel.

14 u. 15. Kleine Masken, Dekorationsbruchstücke, in Neapel.

(Aus den beiden Werken von Overbeck und Niccolini entnommen.)

BRONCEN.

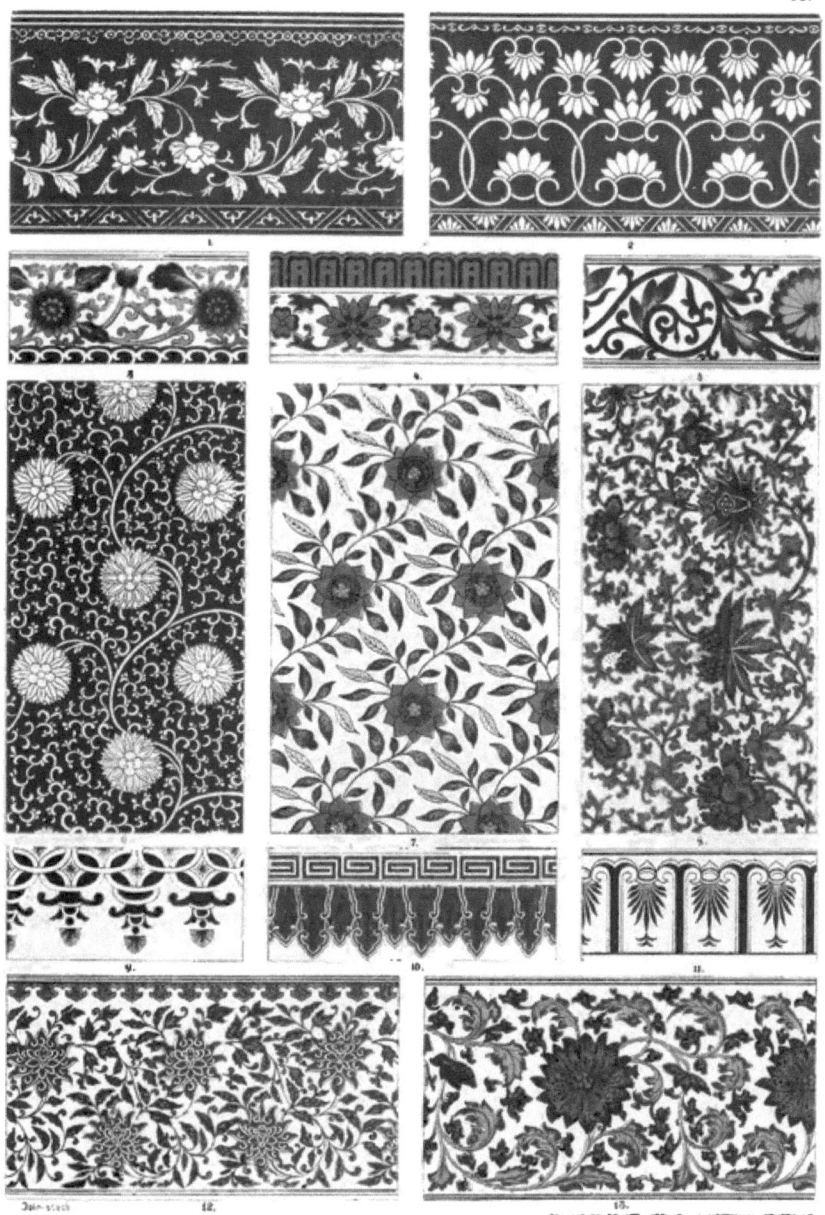

ORNAMENTENSCHATZ. VERLAG · J. HOFFMANN, STUTTGART.

MALEREI.

CHINESISCH.

MALEREI.

Die Chinesen haben in der dekorativen Kunst schon sehr frühe einen ziemlich hohen Grad von Voll-kommenheit erreicht. Aber auf dem damaligen Standpunkt sind sie auch verblieben, und seit vielen Jahr-hunderten hat ihr Ornamentierungssystem keinen Fortschritt zu verzeichnen, ganz abgesehen davon, dafs ihre neueren Produkte nur, und zwar häufig auf Täuschung berechnete, Nachahmungen alter Gegenstände sind.

Höchst beachtenswert sind aber ihre Bemalungen von Porzellangefäfsen. Die Ränder derselben sind in der Regel von Bordüren umrahmt, unter welchen besonders der Mäander in vielen Variationen wieder-kehrt. Fig. 9, 10, 11 und der obere Teil von Fig. 4 zeigen sodann einige der wenigen konventionell be-handelten Formen solcher Bordüren. Auf den Flächen selber kommen bald geometrische Muster, bald Blumen, Früchte und Pflanzen aller Art, teils mit graziöser Leichtigkeit stilisiert, teils mit peinlicher Sorgfalt der Natur nachgebildet, zur Verwendung. Alle diese Verzierungen bedecken die Vasen entweder in fortlaufender Weise, oder aber sind sie, was häufiger der Fall ist, auf ihnen in willkürlicher Verteilung regellos ausgestreut, bisweilen noch belebt durch Menschen- und Tierfiguren. Von der heimischen Flora sind in erster Linie die Blätter und Blüten des Theestrauches, sodann Rosen, Kamelien, Melonen u. s. w. zu dekorativen Zwecken benützt worden.

Einen prächtigen Eindruck verleiht endlich dem Ganzen der eigenartige, bis jetzt unerreichte Glanz des chinesischen Porzellanschmelzes, dessen Weifs nicht wie bei unserer Darstellung rein Weifs ist, sondern stets ins Grünliche spielt.

Fig. 1—5 u. 9—13 Bordüren, Fig. 6—8 fortlaufende Muster von bemalten meist im South Ken-sington Museum befindlichen Chinagefäfsen.

Bei Figur 1 bemerkt man in Komposition und Charakter persische Anklänge.

Die bei den Fig. 4, 6 u. 10 angewendete gelbe Farbe ist an den Originalgegenständen Gold.

Entnommen aus dem Werke: „Examples of chinese ornament by Owen Jones."

CHINESISCH.

MALEREI, WEBEREI, STICKEREI und ZELLENSCHMELZ.

Charakteristisch für die chinesische Malerei ist die schon angeführte phantastische Mischung der Muster, deren Absonderlichkeit jedoch bei dem grofsen Reichtum und der glücklichen Zusammenstellung der Farben in den Hintergrund tritt. Namentlich sind sehr beliebt: schwarze, weifse, blaue, rote und goldene Konturen; dadurch hebt sich die Zeichnung von dem hellen oder dunklen Grunde schöner und entschiedener ab.

Alles bisher Gesagte gilt in vollem Umfange auch von den seidenen Geweben und Stickereien. Dafs die Verarbeitung der Seide in China schon lange vor Christi Geburt eine hohe Stufe erreicht hat, ist allgemein bekannt, weniger dagegen wohl, dafs die bei der Weberei und Stickerei vorkommenden Goldfäden höchst wahrscheinlich aus mit vergoldetem Papier oder Kautschukstoff umwickelten Seidenfäden bestehen.

Einen hohen Ruf haben sich auch noch die mit sog. Zellenschmelz (email cloisonné) geschmückten Vasen und Platten erworben. Wo derselbe erfunden wurde, läfst sich bis jetzt nicht mit Sicherheit entscheiden, jedenfalls ist seine Anwendung bei den Chinesen eine sehr alte. — Die Technik selbst ist folgende: Nachdem die beabsichtigte Zeichnung auf dem mit Schmelz zu bedeckenden Metallgrund angegeben ist, werden die einzelnen Felder derselben durch dünne, auf die Metallplatte aufgelötete Drähte von Gold oder Kupferlegierung begrenzt; die dadurch entstehenden Zellen (cloisons) werden dann mit entsprechend gefärbtem Schmelz (email) angefüllt und dieser im Ofen aufgeschmolzen. Nach dem Erkalten wird die ganze Oberfläche glatt poliert. — Auch hier kehren dieselben Motive wie in der Malerei u. s. w. wieder. Fig. 10 zeigt in dieser Weise ausgeführt das so oft variierte chinesische Reichssymbol, den Urdrachen (vergl. Fig. 6): aus dem unvollkommenen Zustand eines Drachen hat sich nämlich nach chinesischer Anschauung der Mensch einst entwickelt.

Fig. 1. Konventionelle Darstellungen von Früchten und Blumen auf Porzellan gemalt.

    2. Gemalte Bordüre von einem Chinagefäfs.

    3. Malerei von einem hölzernen Kästchen.

    4, 5 u. 6. Teile eines Behanges von einem Himmelbett, gestickt in Seide und Gold (13. Jahrhundert).

    7, 8 u. 9. Muster von gewobenen Zeugen.

    10 u. 11. Teile einer kupfernen altchinesischen Vase in Zellenschmelz ausgeführt.

    12—13. Ornamente an Vasen, Schalen und Räuchergefäfsen in Zellenschmelz ausgeführt.

Aus den Werken: „Examples of chinese ornament by Owen Jones."

„Les arts décoratifs par Ed. Lièvre."

„Kunst und Gewerbe vom bayr. Gewerbemuseum zu Nürnberg 1875."

JAPANESISCH.

LACKMALEREI.

Ueber das Verhältnis chinesischer und japanesischer Kunst vergl. Text zu Tafel 14.

Seit langer Zeit haben von japanesischen Kunstprodukten die Lackwaren vor allem einen hohen und durchaus gerechtfertigten Ruf sich erworben. Denn gerade bei ihnen zeigt sich eine für uns unerreicht dastehende technische Vollendung — das Ergebnis einer durch Jahrhunderte sich hinziehenden und innerhalb der einzelnen Familien von Generation auf Generation vererbten Arbeitstradition. Der Abgeschlossenheit der Stände und Zünfte in Japan und China ist diese mehr und mehr wachsende Vervollkommnung in der Herstellung ihrer kunstgewerblichen Gegenstände zuzuschreiben.

Während die Ornamente bei chinesischen Lackwaren meist naturalistische Motive aufweisen, sind sie bei den japanesischen häufig mehr geometrischer Art oder reine Linienkombinationen. Vielfach zeigt sich jedoch hier wie auf andern Gebieten die auch schon bei den Chinesen berührte Abneigung gegen systematische Anordnung der Ornamente. (Vergl. Fig. 1—8, 11, 12, 14, 20 und 21, 22 und 23; Tafel 14, Fig. 10.)

Der Stil der Lackmalerei ist bis heute derselbe geblieben, ebenso wie das ungemein komplizierte Herstellungsverfahren. Die Unterlage, die je nach dem Zweck aus Holz, einer Anzahl Papierlagen, Papiermaché oder Bastgeflecht besteht, das durch Verstreichen mit Harz eine glatte Oberfläche erhalten hat, wird mit um so mehr Lackanstrichen bedeckt, je feiner die Gegenstände sich schliefslich präsentieren sollen. Bei den kostbarsten kommen so bisweilen 20 Lackschichten aufeinander. Die hiebei vorzunehmenden Manipulationen sind ausserordentlich langwierig und zeitraubend. Zur Dekorierung wird oft Perlmutter und Elfenbein eingelegt; das gewöhnlichste ist aber die Vergoldung in der Art, dafs entweder das Ornament mit jeder neuen Lage Lack neu in Gold gemalt wird (daher ein reliefartiges Aussehen) oder so, dafs die einmalige Vergoldung durch die obere Lage des transparenten Lackes durchschimmert. — Der Lack kommt als fertiges Naturprodukt (Baumsaft) in gelber, brauner und hellgelber Qualität vor. Letztere färbt sich an der Luft in kurzer Zeit tiefschwarz.

Fig. 1—50. Motive für Lackarbeiten.

Entnommen aus: „Keramic art of Japan by Audsley-Bowes."

JAPANESISCH.

WEBEREI, MALEREI und ZELLENSCHMELZ.

Es ist nicht wohl möglich, für die Produkte chinesischer und japanesischer Kunst sicher unterscheidende Merkmale anzugeben; denn seit alter Zeit herrschte zwischen beiden Ländern ein reger Handelsverkehr und Austausch der jeweiligen Errungenschaften und Fortschritte auf kunstgewerblichem Gebiete, und die Folge dieses wechselseitigen Lehrens und Lernens war bei beiden Völkern eine Gleichmäfsigkeit, sowohl was ihre Geschmacksbildung als auch was ihre verschiedenen Techniken anbelangt. Dafs letztere in diesen zwei Ländern zu hoher Vollkommenheit gelangten, haben wir bereits gehört; aber gerade diese äusserste Steigerung des technischen Vermögens hat in China und Japan eine Beschränkung des geistigen Elements, eine Unterdrückung des individuellen künstlerischen Bewustseins zur Folge gehabt, von dem sich Japan nur teilweise frei hielt. — Wenn nun für die japanesische Kunst im allgemeinen alles bei Tafel 11 und 12 Gesagte gilt, so ist hier doch zu bemerken, dafs sie in neuerer Zeit wieder einen frischen Aufschwung zu nehmen scheint, wie sie sich überhaupt von jeher durch eine etwas geregeltere Ornamentation, feinere Beobachtung der Natur und freier hervortretenden Individualismus auszeichnete.

Neu gegenüber den Chinesen ist bei den Japanesen die Anwendung des Zellenschmelzes auf Porzellangefäfsen. Die Metalldrähte werden bei dieser von den Europäern noch nie fertig gebrachten Technik auf den Gegenständen durch leicht schmelzbaren Glasflufs befestigt, nachdem die betreffenden Stellen von der Glasur befreit worden sind. Das sonstige Verfahren ist wie das bei Tafel 12 erwähnte.

Beachtenswert ist die Thatsache, dafs, obwohl für Verarbeitung des Porzellans die Chinesen die Lehrmeister der Japanesen waren, letztere doch bald sich den Ruf erwarben, dafs ihre Produkte nicht nur hinsichtlich der Güte und Feinheit, sondern vielfach auch wegen ihrer gewaltigen Gröfse diejenigen der Chinesen weit hinter sich lassen. Es gilt das nicht allein von bemalten, sondern insbesondere von Kolossal-Platten und Vasen, die mit Zellenschmelz auf ihrer ganzen Oberfläche bedeckt durch ihr tiefes gesättigtes Kolorit eine wunderbare Pracht und Harmonie zur Schau tragen.

WEBEREI, MALEREI UND ZELLENSCHMELZ.

ORNAMENTENSCHATZ.

VERL. v. JUL. HOFFMANN, STUTTGART.

METALLARBEITEN.

ORNAMENTENSCHATZ VERL. v. JUL. HOFFMANN STUTTGART.

INDISCH.

METALLARBEITEN.

Vergl. auch Text zu Tafel 16.

Die Anfertigung von verzierten Waffen und Metallgeräten bildete von jeher einen wichtigen Zweig des indischen Kunstgewerbes, und es erregt der feine Geschmack, verbunden mit der größten Pracht der Dekoration, unser gerechtes Erstaunen.

Besondere Berücksichtigung haben auf unserer Tafel die Tauschierarbeiten erfahren. Dieselben sind auf Stahl, Eisen oder Zinnlegierung ausgeführt. In letzterem Falle ist die Zeichnung durch Einwirkung von Schwefel in tiefem Schwarz herausgehoben.

Die tauschierten oder damaszierten Ornamente sind von Silber- und Goldfolie hergestellt, welche durch Druck oder Hämmern auf den zuvor leicht gravierten Metallgrund befestigt werden, worauf dann das Ganze mit dem Polierstahl geglättet wird.

Fig. 1. Zinngefäß mit tauschierten Ornamenten.

„ 2. Streitaxt mit geätzten Verzierungen.

„ 3. Streitaxt mit Tauschierarbeit.

„ 4. Schild aus Rhinozeroshaut mit Metall ausgelegt und beschlagen.

„ 5—8. Verzierungen von tauschierten Huhkas (Wasserpfeifen).

„ 9. Getriebene Bauchverzierung an einer vergoldeten Kupferkanne.

„ 10. Bauchverzierung von einer getriebenen Kupferkanne.

„ 11. Verzierung von einer tauschierten Zinnvase.

„ 12. Tauschierarbeit auf Stahl an einer Dolchscheide.

„ 13. Halsverzierung an einem tauschierten Zinnbecher.

„ 14. Von einem getriebenen Kupferteller.

„ 15. Von einem getriebenen Zinnteller.

Fig. 2, 9, 10, 12—15 aufgenommen nach Original-Gegenständen aus dem Kgl. Landesgewerbemuseum zu Stuttgart.

„ 1, 5—8 und 11 aufgenommen nach Original-Gegenständen in Händen des Hrn. Fabrikanten Paul Stotz in Stuttgart.

„ 3. entnommen aus: Bedford, the treasury of ornamental art.

„ 4. aus Waring, masterpieces of industrial art and sculpture at the international exhibition 1862.

INDISCH.

STICKEREI, WEBEREI, GEFLECHTE UND LACKMALEREI.

Ein Land voll üppiger Vegetation, reich an Naturprodukten aller Art, mit unerschöpflichen Fundgruben edler Metalle und Steine, hat Indien seinen Charakter übersprudelnder Fülle und den phantastischen Geist seiner Bewohner in den Werken der Kunst nicht verleugnet. Trotz der alten verhältnismäfsig hohen Zivilisation hat aber ein gewisser Konservatismus, der seit beinahe einem Jahrtausend auf sociale und religiöse Verhältnisse und Einrichtungen sich erstreckte, selbstverständlich auch für Kunstbestrebungen seine unausbleiblichen Folgen gehabt, namentlich im Hinblick auf die kastenartig abgeschlossenen Einzelgewerbe. Erst in unserem Jahrhundert können wir bei der indischen Kunst thatsächliche Neuerungen konstatieren.

Wenig konventionell, leicht fliefsend, hat die indische Ornamentik am ehesten einige Verwandtschaft mit der persischen. Die Flächendekoration, die ihren Charakter als solche nie verliert, weist meist einen geradezu verschwenderischen Reichtum von sich wiederholenden Motiven auf, deren grofsartige Farbenpracht jedoch das Auge des Beschauers nicht aufregt, sondern eine wohlthuende Ruhe für dasselbe hervorbringt. Die Konturen der jede Modellierung vermeidenden Zeichnung sind gewöhnlich auf hellem Grunde in tieferen Farben als das übrige Dessin und auf dunklem Grunde in hellen gehalten. Seine Motive fand der Inder, wie leicht erklärlich, hauptsächlich in seiner heimischen Flora. Diese ist in erster Linie vertreten durch Lotus, prächtig gezeichnete Rosen, Nelken, Granaten u. s. w., und am häufigsten, namentlich bei neueren Produkten, begegnen wir dem stets konventionell behandelten Palmzweige (Fig. 11 und Tafel 15 Fig. 9, 15; Tafel 17 Fig. 23, 28 und 29).

Die einst hochentwickelte Weberei ist infolge der englischen Konkurrenz im Sinken begriffen und auch die moderne Seidenstickerei hat auf Kosten der früheren, ruhigen Harmonie die allzu grellen Anilinfarben vielfach angewendet. Ihren alten Weltruf werden aber die berühmten Shawls von Kaschmir doch noch lange behalten mit ihrer unerreichten Feinheit, Zartheit und ihren herrlichen Farben. Bunte Baumwollteppiche (Fig. 8 und 9), deren gestreifte Zeichnung sich dem Stoffe vortrefflich anpasst, erfreuen sich als wohlfeiler Ersatz der Wollteppiche einer grofsen Verbreitung. — Auch die geflochtenen Matten verdienen hinsichtlich ihrer Farbe und Zeichnung unsere volle Beachtung (Fig. 10).

Die indischen Lackarbeiten, im Vergleich mit den chinesischen und japanesischen in der Technik etwas weniger vollendet, unterscheiden sich von denselben in dem wesentlichen Punkt, dafs der Lack eigentlich nur dazu dient, die in Gold oder polychrom aufgetragenen Ornamente zu schützen.

Fig.   1. Gestickter Teppich aus dem 16. Jahrhundert.
„ 2—6. Bordüren von Seidenstickereien.
„   7. Flächenmuster in Seide gestickt.
„ 8 u. 9. Baumwollteppiche.
„   10. Matte aus Binsengeflecht.
„ 11 u. 12. Einfassungsmuster von Shawls aus Kaschmir.
„   13. Gemalte Lackarbeit.

Entnommen aus den Werken:
Wyatt, the industrial arts of the nineteenth century, 1851.
Waring, masterpieces of industrial art and sculpture at the international exhibition 1862.
Bedfort, the treasury of ornamental art.
Lièvre, les arts décoratifs à toutes les époques.

STICKEREI, WEBEREI, GEFLECHTE UND LACKMALEREI.

VERL. v. JUL. HOFFMANN, STUTTGART

METALLARBEITEN, STICKEREI, WEBEREI UND MALEREI.

INDISCH.

METALLARBEITEN, STICKEREI, WEBEREI und MALEREI.

Kunstreiche Verwendung, namentlich bei Goldschmiedearbeiten, fand der sog. Grubenschmelz (émail champlevé). Auf dem Metall wurden die für Emaillierung bestimmten Teile durch den Grabstichel vertieft und zur Abgrenzung der einzelnen Felder schmale Ränder stehen gelassen. Das weitere Verfahren ist fast das gleiche, wie beim Zellenschmelz. — Als prächtiger Vertreter jener Technik darf der in Fig. 4 dargestellte Ankus Lenk- und Zuchtinstrument der Elephantentreiber, gelten.

Manuskriptmalereien, die persischen Einfluss nicht verkennen lassen, treffen wir in Indien häufig bei alten königlichen Edikten, Dokumenten und Handschriften religiösen und poetischen Inhalts.

Fig.   1. Ankus in ziseliertem Eisen.

„ 2 u. 3. Ohrgehänge und Knopf in Gold getrieben und ziseliert.

„   4. Ankus, emailliert und mit Juwelen besetzt.

    5—9. Verzierungen von emaillierten Waffen.

    10. Staatssonnenschirm mit reicher Goldstickerei.

„ 11—13. Gestickte Fächer.

„   14. Fussbekleidung, Goldgewebe mit Seiden- und Perlstickerei.

„   15. Gestickte Tischdecke.

„   16. Bordüre von einer Satteldecke.

„   17. Stickerei auf schwarzem Zeug.

„   18. Bordüre von einem gestickten Samtteppich.

„ 19—22. Blumen von Seidenstickereien.

„   23. Gewobener Shawl.

„   24. Bordüre von einem gewobenen Stoff.

„ 25 u.26. Muster von Seiden- und Goldgeweben.

„   27. Lackmalerei.

„   28. Teil eines Buchdeckels in Lackmalerei.

„ 29 u.30. Manuskriptmalereien.

Entnommen aus den Werken: „Wyatt, the industrial arts of the nineteenth century 1851."
„Waring, masterpieces of industrial art and sculpture at the international exhibition 1862."
„Man's Garments, the textile manufactures of India."
„Bedford, the treasury of ornamental art."
„Racinet, le costume historique."

PERSISCH.

ARCHITEKTUR.

Ein Bild von der märchenhaften Pracht des alten Kalifenreiches, von den glänzenden Palästen und Moscheen Persiens geben uns noch heute die zahlreichen, wenn auch mehr oder weniger zerfallenen Monumentalbauten. Die frühere Hauptstadt Ispahan zeigt namentlich noch an einer Reihe von Beispielen, in welch reicher Weise die Perser das Aussehen ihrer Bauten durch Anwendung buntfarbiger oder bemalter glasierter Thonplättchen zu gestalten wußten. Mit solchen sind fast alle der meist birn- oder zwiebelförmig (vgl. Fig. 1) gestalteten Kuppeln und Spitzen der Moscheen und Minarets und ihre Wände, kurz fast alle Teile jener Gebäude bedeckt. (Fig. 1, 6, 7, 10, 11.)

Dieser durchweg angewandte reiche farbige Schmuck ist für die persische Architektur im Vergleich mit der sonstigen mohammedanischen in hohem Grade bezeichnend, wie auch die besondere Art ihrer Dekoration. Diese weist einmal weit weniger reiche Kombinationen in ihren geometrischen Verzierungen (Fig. 11) auf, als bei den Arabern und Mauren, und sodann ist das vegetabilische Ornament, wenn auch konventionell behandelt, doch noch ziemlich naturalistisch gehalten und bietet, entsprechend der reichen Flora des Landes, große Abwechslung. Das Rankenwerk und die Blumen sind bald für sich auf die Flächen verteilt, bald zwischen die Linienverzierungen eingestreut.

Interessant sind die häufig vorkommenden durchbrochenen steinernen Fenster-Einfassungen, bei welchen die durchbrochenen Stellen mit farbigem Glas ausgefüllt sind (Fig. 8 und 13).

Erwähnung verdienen hier auch die sogenannten Stalaktitengewölbe (Fig. 14), welche aus kleinen übereinander hervorragenden Wölbungen zusammengesetzt sind.

Fig.   1. Minaretoberteil von der Moschee Mesdjid-i-Chah.

  „ 2—5. Säulenfüße und Kapitäle.

  „ 6. Wandbordüre am Portalbau der Moschee Mesdjid-i-Chah.

  „ 7. Hohlkehlenverzierung, ebendaselbst.

  „ 8. Durchbrochene Fenster-Einfassung aus Stein (zu Fig. 12 gehörig).

  „ 9. Wandbordüre.

  „ 10 u. 11. Bogenzwickel vom Kollegium Medresch-Maderi-Chah-Sultan-Hussein.

  „ 12. Durchbrochener Fensterbogen von Stein (den punktierten Grund bildet buntes Glas).

  „ 13. Hauptgesims vom Pavillon Tchehel-Soutoun.

  „ 14. Stalaktitengewölbe vom Pavillon der acht Paradiespforten.

  „ 15—17. Verschiedene Kuppelspitzen.

Sämtliches aus Ispahan.

Entnommen aus: „Coste, monuments modernes de la Perse."

„Collinot et Beaumont, recueil de dessins etc."

H. Dolmestch.

ARCHITEKTUR.

VERL. v. JUL. HOFFMANN, STUTTGART.

H Dolmetsch

ORNAMENTENSCHATZ, VERLAG v. J. HOFFMANN, STUTTGART.

KERAMIK.

PERSISCH.

KERAMIK.

Einen wichtigen Ausfuhrartikel persischen Gewerbefleifses bildeten von jeher die herrlichen Fayencegegenstände. In allen Ländern, die sich zur Lehre des Islam bekannten, trifft man noch jetzt die Erzeugnisse dieser schon frühe zu bedeutender Entwicklung gelangten Industrie.

Haben wir bei Tafel 18 die blendende Bekleidung des Aeufseren der persischen Bauten mit Thonplättchen angeführt, so müssen wir hier besonders der geschmackvollen farbigen Schalen gedenken, von welchen Tafel 19 einige Beispiele giebt.

Wesentlich ist bei der Dekoration die durchaus flache Behandlung des Ornaments und das Ueberwiegen der naturalistisch gehaltenen Flora.

Fig. 1—5. Altpersische Fayenceteller im Musée Cluny in Paris.

„   6 u. 7. Bordüren von Wandverkleidungen in Fayence.

Entnommen aus: Kunst und Gewerbe, herausgegeben vom bayrischen Gewerbemuseum zu Nürnberg, 1879 und 1880.
Prisse d'Avennes, l'art Arabe.

Fig. 3. Nach einer Originalaufnahme von C. Bauer, aus der Kunstbibliothek der Kgl. Centralstelle für Gewerbe und Handel zu Stuttgart.

PERSISCH.

WEBEREI und MANUSKRIPTMALEREI.

Sowohl bei der Keramik, als bei der Weberei und Manuskriptmalerei sind es vorzugsweise die sekundären und gebrochenen Farben, die zur Anwendung kommen, und da sie unter sich und mit dem Grundton meist in glücklicher Weise zusammenstimmen, so zeichnen sich alle jene Gegenstände durch eine gewisse Zartheit und Frische des Kolorits aus.

Diesen Umständen haben die persischen mit Blumen übersäten und durch Tiere und Vögel vielfach belebten Teppiche und die fein bemalten Koran-Manuskripte ihre grofse Verbreitung und Beliebtheit im Orient zu verdanken. Doch stehen die persischen Kunsterzeugnisse wegen der Ungleichheit der Massenverteilung auf den Flächen den arabisch-maurischen einigermafsen nach.

Bei Fig. 1 tritt uns die Flora fast durchweg in konventioneller Behandlung entgegen, wie auch bei Fig. 3 die grofsen Blätter eine bei den Arabern ganz gewöhnliche Stilisierung zeigen 'vgl. auch Taf. 19, Figur 1.

Fig. 1. Persischer Teppich. 16. Jahrhundert.

  2. Motive für Weberei aus einem alten persischen Ornamentenbuch im Museum of Ornamental Art zu London.

  3. Manuskriptmalerei aus einem Koran.

Entnommen aus: Lièvre, les arts décoratifs.
    Bedford, the treasury of ornamental art.
    Owen Jones, the grammar of ornament.

ORNAMENTENSCHATZ, VERLAG v. J. HOFFMANN, STUTTGART.

WEBEREI UND MANUSCRIPTMALEREI.

METALLARBEITEN.

PERSISCH.

METALLARBEITEN.

Hochgeschätzt im Morgen- und Abendlande waren und sind noch heute Waffen, Rüstungen und metallene Gefäße persischen Ursprungs. Mit ausgezeichneter Tauschierarbeit geschmückt oder schön getrieben bieten sie in ihren Ornamenten die bisher gekennzeichneten Merkmale des persischen Stiles in immer neuer Abwechslung. Daneben fallen uns noch persische Schriftzüge, Sprüche oder Sätze religiösen Inhalts darstellend, ins Auge (Fig. 1 u. 2 und Tafel 18, Fig. 1). Auch die Tier- und Menschenwelt ist in mitunter phantastischen Nachbildungen vertreten. (Fig. 1, 2 u. 8.)

Fig. 1 u. 2. Helm mit dazu gehörigem Schild.

,,   3.   Bordüre von einer Rüstung.

,, 4 — 8.   Verzierungen an Metallgefäßen.

,, 9 — 12. Teile von Efsbestecken.

Fig. 1— 8 aufgenommen nach Originalgegenständes aus dem Kgl. Landesgewerbemuseum zu Stuttgart.

,, 9—12 aus Collinot et Beaumont, recueil de dessins etc.

PERSISCH-ARABISCH.

WANDVERKLEIDUNG AUS GLASIERTEM THON.

Beiliegende Tafel stellt eine in der Moschee des Ibrahim Aga zu Kairo befindliche Wandbekleidung aus dem XVI. Jahrhundert dar, welche eine Mischung des persischen und arabischen Stiles zur Anschauung bringt, insofern das starke Hervortreten vegetabilischen Ornaments unmittelbar auf persischen Einflufs hinweist.

Entnommen aus: „Prisse d'Avennes. L'art arabe."

WANDVERKLEIDUNG AUS GLASIERTEM THON.

Dolmetsch.

ORNAMENTENSCHATZ, VERLAG . J. HOFFMANN, STUTTGART.

WEBEREI, STICKEREI UND MALEREI.

ARABISCH.

WEBEREI, STICKEREI, MALEREI.

Kaum 250 Jahre nach der Stiftung ihrer Religion durch Muhamed hatten die Araber schon einen Stil ausgebildet, der, vielfach zwar an persische, römische und byzantinische Vorbilder sich anschliessend, doch als ein eigenartiger dasteht. Dies gilt in vollkommenstem Grade namentlich von ihrem Dekorationsstil, bei welchem ihre künstlerische Begabung in einer ihrem innersten Wesen entsprechenden Weise zum ganzen Ausdruck kommt.

Ihrer masslosen, übersprudelnden Phantasie ebenso wie ihrem poetisch durchwehten Charakter konnte die einfache Nachbildung vorhandener Wesen nicht entsprechen; wir treffen daher auch verhältnismässig wenig Darstellungen von Menschen oder Tieren (ein angebliches Bilderverbot des Koran existiert eigentlich nicht). Dagegen fanden die arabischen Künstler ihre volle Befriedigung in einem prunkvollen Ornament, das bei allen Zweigen ihrer Kunstthätigkeit in umfassendster Weise verwendet Auge und Verstand in gleicher Weise beschäftigt. Sie schufen nämlich in bunt wechselndem Spiel eine Menge reicher Linien-Kombinationen, nach ihren Erfindern, den Arabern, Arabesken genannt, welche entweder aus geometrisch konstruierten Figuren sich zusammensetzten oder aus streng stilisiertem Blattwerk bestanden. Bei solchen Rankenverschlingungen, die in sinnreichen Rosetten und Sternen ihre schönsten Bildungen zeigen, herrscht der Grundsatz, dass jeder Schnörkel, jedes Blatt sich auf seine Wurzel, seinen Mutterstamm zurückführen lässt. Lebhafte Farben dienen dann ganz besonders dazu, das scheinbar unlösliche Durcheinander zu entwirren und eine ruhige Harmonie über die verzierte Fläche auszubreiten.

Ein specifisches Merkmal für solches arabisches Blattwerk sind die umgebogenen Blattspitzen (Fig. 3).

Die Araber scheinen auch jene sinnigen Zeichnungen, wie wir eine solche in Fig. 2, Mitte, sehen, zuerst aufgebracht zu haben; zwei gleiche in entgegengesetzter Richtung liegende Figuren werden durch eine Linie gebildet.

Der obere Teil von Fig. 1 kann endlich noch als Beispiel von ornamentaler Verwendung der Schrift dienen, wie sie bei den Arabern gar nicht selten war.

Fig. 1. Gewobener Teppich aus dem XIV. Jahrhundert, aufbewahrt in der Kirche zu Nivelles.

„ 2. Applikationsstickerei aus dem XVIII. Jahrhundert.

„ 3. Ein Teil der reich bemalten Decke der Moschee el Bordeyny zu Kairo.

Entnommen aus: Prisse d'Avennes, l'art arabe.

ARABISCH.

HOLZ- und METALLVERZIERUNGEN.

Zur Abwehr des Einblicks von aussen, ohne jedoch den freien Ausblick zu verwehren, waren die auf die Strasse führenden Fensteröffnungen mit Holzgitter versehen, welche die Kunst in zierlicher Weise gestaltete (Fig. 2 und 3). Hauptsächlich aber konzentrierte sich die erfindungsreiche Thätigkeit arabischer Kunsthandwerker auf den Schmuck der Thüren.

So zeigt uns Fig. 1 eine Füllung einer reich geschnitzten gestemmten Thüre, während Fig. 5—15 uns eine grosse Auswahl von bronzenen Thürbeschlägen geben. Letztere sind bald so angebracht, dass sie selber das Ornament bilden, bald derart, dass das vom Metall nicht bedeckte Holz als Zeichnung heraustritt. Fig. 4 ist ein in Bronze ausgeführtes und auch auf vielen arabischen Münzen vorkommendes Wappen.

Entnommen aus: Bourgoin, les arts arabes.
Prisse d'Avennes, l'art arabe.

H.Dolmetsch.

ORNAMENTENSCHATZ, VERLAG v. J. HOFFMANN, STUTTGART.

MANUSKRIPTMALEREI.

ARABISCH-MAURISCH.

ARCHITEKTONISCHE VERZIERUNGEN.

Von Bedeutung ist für uns die arabische und maurische Architektur aus dem Grunde, weil einzelne ihrer Teile von Ornamenten vollständig bedeckt sind, welche mitunter in herrlicher Vergoldung und Bemalung prangen. Friese und Gesimse erhalten ihren besonderen Schmuck durch die bald einfach und glatt gehaltenen (Fig. 11 u. 12), bald reich dekorierten Zinnen Fig. 13—15. —

Die Säulen, die sich teils an ägyptische, teils an byzantinische Vorbilder anlehnten oder geradezu aus griechischen oder römischen Säulenteilen zusammengesetzt wurden, erfuhren späterhin (ungefähr vom XII. Jahrhundert an) eine eigenartige Bildung. So bestand dann das Kapitäl im wesentlichen aus einem durch Blätter- und Rankenwerk verzierten Würfel Fig. 6 u. Tafel 28. Fig. 1.

Eine besonders kunstvolle Behandlung tritt namentlich bei den Gewölben und Gewölbeteilen zu Tage, welche sich aus mehr oder weniger prunkvollen Stalaktiten zusammensetzen.

Fig. 1 bringt eine, häufig auch farbig behandelte Wanddekoration zur Anschauung. Dieselbe ist aus Gyps in flachem Relief ausgeführt. Hier treffen wir die namentlich in der Alhambra vielfach angewandte, sogenannte arabische Feder (vergl. Fig. 13; Taf. 24. Fig. 4. 7. 11; Tafel 28, Fig. 2, 6, 7, 9, 10).

Fig.   1. Wandfüllung aus der Alhambra.

-        2. Verzierung in Stein über einer Thüre in Kairo.

- 3 u. 4. Säulenfuß und Kapitäl aus Kairo.

- 5 u. 6.   „   „   „ der Alhambra.

- 7 u. 8. Stalaktiten aus Kairo.

- 9 u. 10. Kragsteine aus Kairo.

- 11—15. Zinnen aus Kairo.

Entnommen aus: „Geury und Jones, Alhambra."

„Bourgoin, les arts arabes."

„Prisse d'Avennes, l'art arabe."

H. Dolmetsch.

ORNAMENTENSCHATZ.

VERL. JUL. HOFFMANN, STUTTGART.

ARCHITEKTONISCHE VERZIERUNGEN.

MOSAIKARBEITEN und GLASIRTE THONARBEITEN.

ARABISCH-MAURISCH.

MOSAIKARBEITEN und GLASIERTE THONARBEITEN.

Die arabischen und maurischen Mosaiken sind teils durch farbige Marmorstückchen, teils durch bemalte, glasierte Thonplättchen gebildet. Mitunter wie bei Fig. 5 bis 11 sind die Zeichnungen auf Marmorplatten eingeschnitten und die Vertiefungen durch gefärbten Cement ausgefüllt. — Es herrscht bei den Mosaiken das rein geometrische Element vor. Hinsichtlich der auftretenden Farben ist zu bemerken, dafs hauptsächlich die gebrochenen beliebt waren. Auch darauf mag hingewiesen werden, dafs die Mauren hier auf die sonst bei ihnen ausschliefslich gebrauchten primären Farben verzichteten und dagegen grün und orange bevorzugten.

Diese Mosaiken dienten sowohl zur Bedeckung des Bodens als des unteren Teiles der Wände.

Fig. 1, 3 u. 4. Wandbekleidungen von glasiertem Thon aus der Alhambra.

  „   2. Wandbekleidung von glasiertem Thon aus der Moschee des Cheykhoun zu Kairo.

  „   5—7 u. 9—11. Marmorbekleidungen mit Stuckeinlagen aus Kairo.

  „   8.   „   „   „   aus Damaskus.

Entnommen aus: „Bourgoin, les éléments de l'art arabe."
     „ „Prisse d'Avennes, l'art arabe."
     „Goury und Jones, Alhambra."

MAURISCH.

ARCHITEKTONISCHE VERZIERUNGEN

Spanien ist das Land, wo die Kunst des Islam in den Bauten der maurischen Könige, so beim Palast der Alhambra bei Granada (13. u. 14. Jahrhundert) zur reinsten und schönsten Entfaltung kam. Insbesondere erreicht die mohammedanische Ornamentik bei den Mauren ihren Höhepunkt.

Fig. 2—10 stellen Architekturteile und Wandflächen dar, welche in Stuck ausgeführt und bemalt sind. Die für die arabische Ornamentik bisher angeführten Kennzeichen gelten auch für die maurischen, doch ist noch beizufügen, dass die erstere nicht so glücklich ist in der Verteilung des Grundes und Ornamentes und auch weniger mannigfaltig als die letztere. Die maurischen Künstler wußsten durch kunstvolle Durchwirkung und Verwebung des geometrischen und des arabesken Ornaments wunderbare Wirkungen zu erzielen. Ihrer reich begabten Phantasie konnten sie hier den größsten Spielraum lassen. Es sind so 2 Fig. 6, 7. 9), ja oft 3 Ornamentsysteme (Fig. 10) durcheinandergearbeitet, und dieser Reichtum wird noch erhöht durch Überkleidung der Bänder und Blätter mit feinen Ornamenten. Diese Fülle bringt aber keine Unruhe und Verwirrung für das Auge hervor, sondern Zeichnung und Farbe sind in vorzüglicher Weise geeignet, die einzelnen Systeme auseinanderzuhalten, so daß jedes für sich deutlich unterschieden werden kann und doch alle zu prächtiger Harmonie sich vereinigen, während bei näherer Betrachtung immer neue Schönheiten unsere Aufmerksamkeit fesseln. Das Ornament pflegt immer als ganz flaches Relief aufzutreten und verliert nie seinen Charakter als Flächendekoration.

Die erhöhten Bänder und Ranken sind meist vergoldet; ist der Grund rot, so sind die Federverzierungen der Blätter blau oder umgekehrt, mitunter wechselt im Grunde rot und blau; außer diesen 3 primären Farben findet das Weißs häufig Anwendung.

Daß auch die Schrift gar häufig als Ornament diente, beweisen namentlich Fig. 6, 7 u. 10.

Sämtliche 10 Abbildungen sind aus dem Palast Alhambra bei Granada.

Entnommen aus: „Goury und Jones, Alhambra."

ARCHITEKTONISCHE VERZIERUNGEN.

ARCHITEKTONISCHE VERZIERUNGEN AUS GLASIERTEM THON.

TÜRKISCH.

ARCHITEKTONISCHE VERZIERUNGEN AUS GLASIERTEM THON.

Von einem Stil, in welchem sich die Eigenart des türkischen Volkes ausgedrückt hätte, kann erst die Rede sein seit dem 15. Jahrhundert. Vorher wurden z. B. die christlichen Kirchen der eroberten Länder einfach in Moscheen umgewandelt, oder bei Neubauten christliche Künstler mit der Ausführung beauftragt. So war auch die Ornamentik zunächst wesentlich beeinflußt von byzantinischer, dann teils von persischer, teils von arabischer Dekorationsweise. Aus der Mischung der beiden letzteren bildete sich dann die türkische Ornamentik heraus.

Auffallend ist hier zunächst das ungemein häufige Vorkommen des einspringenden Winkels be Blättern und Ranken, welcher seinen Ursprung in Persien hat (vergl. Taf. 20 Fig. 3); sodann eine gewisse Dürftigkeit des Rankenwerks, das namentlich im Vergleich mit dem maurischen auf der Grundfläche große Stellen frei und unbedeckt läßt (Fig. 5, 6). Auch die auf die Blätter mit verschiedener Farbe aufgemalten Verzierungen entbehren häufig einer feineren Form, dagegen liebt auch der türkische Künstler die kunstvolle Verschlingung mehrerer Liniensysteme. — Die Farben, welche zur Verwendung kommen, sind nicht sehr lebhaft und ihre Zusammenstellung läßt die Pracht und Fülle arabisch-maurischer Kunst vermissen. Der Grund hatte in der früheren Zeit beinahe immer tiefsattes Blau, während spätere Werke ein Überhandnehmen von grünem und auch hellrotem Grunde aufweisen.

Daß das persische florale Element in verhältnismäßiger Reinheit immer wieder bei der Ornamentik der Völker des Islam zum Durchbruch kommt, beweist Fig. 8, 10, 11. Überhaupt ist anzuführen, daß persische Kunsterzeugnisse, namentlich bemalte Thonplatten u. dgl., in großer Menge Eingang und Verwendung in der Türkei fanden.

Fig. 1. 2. 5. 6. 7 u. 9. Aus der Moschee des Yéchil-Djami zu Brussa.

„ 3. 4 u. 8. Yéchil-Turbey-Grabmal des Sultans Mohammed I.

„ 10 u. 11. Vom Grabmal Mourahdieh.

Entnommen aus: „Parvillée, architecture et decoration turques au XVᵉ siècle."

KELTISCH.

MANUSKRIPTMALEREI.

Unter der keltischen Bevölkerung Irlands hat sich schon sehr frühe eine eigentümliche Ornamentik gebildet, die jedenfalls in ihren Anfängen weit in die Tage zurückgeht, da das Heidentum noch auf jener Insel herrschte. Aus dieser Zeit mögen einzelne der alten Steinsärge stammen, welche dieselben Verzierungen aufweisen, welche wir vom 6. Jahrhundert an in den Manuskripten keltischer Mönche finden. Durchaus nicht beeinflußt von byzantinischer oder überhaupt süd- oder osteuropäischer Kunst, trägt diese Ornamentik ein selbständiges Gepräge: denn die Spuren, die man von ihr auch in Skandinavien angetroffen, sind sicherlich auf Irland zurückzuführen.

In den ältesten keltischen oder irischen Handschriften wurden zunächst die großen Anangsbuchstaben (Initialen) ausgezeichnet durch ein sie umgebendes, aus roten Punkten gebildetes Netzwerk (vergl. Fig. 1 unten). Aber bald schritt man weiter zu dem eigentlichen Bandflechtwerk, in dessen Anwendung die Künstler eine in Staunen setzende Kunstfertigkeit und Mannigfaltigkeit verraten (Fig. 1, 3, 9). Ähnliche Bandflechtwerke finden wir in der Renaissancezeit wieder, vielfach als Dekoration verwendet. Zu den keltischen Geflechten, welche entweder die Flächen der Buchstaben ausfüllten oder die einzelnen Seiten einrahmten, benützte man auch schon frühe die Glieder oder Leiber von Schlangen, Vögeln, Hunden und phantastischen Tieren (Fig. 1, 5, 9). Auch die menschliche Gestalt findet Verwendung; dagegen fehlt das vegetative Ornament vollständig. Dieses kommt erst in Aufnahme vom 9. Jahrhundert an, und nach schwachen Anfängen (vergl. Fig. 8) verbreitet es sich unter dem Einfluß des Romanismus mehr und mehr neben dem Bandornament.

Die Zahl der Farben ist anfangs noch klein, namentlich kommt Gold erst in späterer Zeit vor.

— — —

Fig. 1—5. Aus dem VII. Jahrhundert.
  6 u. 7. „ „ VIII.
  „ 8. „ „ IX.
  „ 9—11. „ „ X.
  „ 12. „ „ XI.

Entnommen aus: „Humphreys and O. Jones, the illuminated books of the middle ages."
„Wyatt, the art of illuminating as practised in Europe from the earliest times."

1.

5.

6.

7.

2.

3.

4.

8.
H.Dolmetsch.

9.

10.

11.

12.

MANUSKRIPT-MALEREI.

ORNAMENTENSCHATZ. VERLAG v. J. HOFFMANN. STUTTGART.

GLASSTIFT-MOSAIK. EMAIL- UND MANUSKRIPTMALEREI.

BYZANTINISCH.

GRUBENSCHMELZ, MARMOR- UND GLASSTIFTMOSAIK.

Nicht weniger als der Zellenschmelz wurde der Grubenschmelz gepflegt. Fig. 1 zeigt uns, in dieser Weise ausgeführt, den auf einem Regenbogen thronenden Christus, umgeben von den Sinnbildern der vier Evangelisten. Bei dieser Figur zeigt sich eine im Laufe der Zeit in die bildliche Darstellung eingerissene Leblosigkeit, namentlich fällt bei dem Mittelbilde die zur Starrheit gewordene Ruhe auf.

Bei der Marmormosaik, mit welcher in verschwenderischer Fülle die Fußböden bedeckt waren, bediente sich die dekorative Kunst auch wieder des bunten Wechsels von geometrischen Motiven. In dieser Richtung hat die byzantinische Kunst der mohammedanischen mannigfache Anregung gegeben. Doch ist ein konventionell behandeltes Blätter- und Rankenwerk nicht ausgeschlossen, das, wie schon früher bemerkt, uns an antike Vorbilder erinnert.

Fig. 1. Buchdeckel aus vergoldeter Bronze mit Grubenschmelz und Steinen verziert. XII. Jahrhundert. im Museo Correr in Venedig.

  „ 2, 3 u. 5. Marmormosaiken von Fußböden in S. Alessio zu Rom.

  „ 4. Marmormosaiken von Fußböden in S. Maria in Cosmedin daselbst.

  „ 6.   „   „   „ S. Vitale zu Ravenna.

  „ 7. Glasstiftmosaiken von S. Maria in Araceli zu Rom.

  „ 8.   „   „ S. Alessio zu Rom.

  „ 9 u. 10.   aus dem Dom zu Messina.

  „ 11—13.   „   „ Monreale.

  „ 14—16.   „ von der Façade des Domes zu Orvieto.

  „ 17 u. 18. Marmormosaikbänder an Kapitälen in S. Marco zu Venedig.

  „ 19 u. 20.   von den Wänden der Sophienkirche zu Konstantinopel.

Fig. 1 aufgenommen von Baumeister A. Borkhardt in Stuttgart.

  „ 2—5, 7, 8, 14, 15 u. 16 aufgenommen von H. Dolmetsch in Stuttgart.

Das Weitere entnommen aus:

„Morey, Charpente de la cathédrale de Messine."

„Hessemer, arabische und altitalienische Bauverzierungen."

„Salzenberg, altchristliche Baudenkmale von Konstantinopel."

„Zahn, Ornamente aller klassischen Kunst-Epochen."

ORNAMENTENSCHATZ. VERL. · JUL. HOFFMANN, STUTTGART.

GRUBENSCHMELZ, MARMOR· UND GLASSTIFT·MOSAIK.

H. Dolmetsch.

ORNAMENTENSCHATZ, VERLAG v. J. HOFFMANN, STUTTGART.

STICKEREI UND WEBEREI.

BYZANTINISCH.

WEBEREI und STICKEREI.

Seit der Einführung der Seide im 6. Jahrhundert konnte Byzanz hinsichtlich seiner Gewebe den Kampf wohl aufnehmen mit den asiatischen Erzeugnissen auf diesem Gebiete und bis tief in das 12. Jahrhundert hinein hat es darin den Ton für Europa angegeben. Mit den kostbarsten Geweben, gemusterten und ungemusterten, mit prachtvollen Stickereien und perlengezierten Stoffen (Fig. 3, 5, 7 u. 8) wurde in dieser Zeit ein lebhafter Handel getrieben. Allerdings machten die sarazenischen Weber auf der Insel Sizilien den byzantinischen den Rang streitig; aber erst nachdem Sizilien durch die Normannen erobert und eine grofse Anzahl gefangener griechischer Weber nach Palermo gebracht worden war und sich so christliche Kunst mit mohammedanischer verband, erlangten die aus den königlichen Werkstätten Siziliens hervorgegangenen Stoffe und Gewänder ihrer Pracht und ihrer schönen Zeichnungen wegen die höchste Geltung auf dem Weltmarkt.

Tafel 33 zeigt uns solche, aus Sizilien herrührende Gegenstände, die jedenfalls den Einflufs arabischer Ornamentik zeigen. Doch lassen sich byzantinische Formen nicht verkennen. — Das Ornament ist stets bei diesen Webereien als Flächendekoration behandelt. Die Pflanzen und Tiere, welche wir angebracht sehen, sind nicht naturalistisch gehalten, sondern mehr oder weniger stilisiert. — Bei Fig. 9 soll der das Kamel überwältigende Löwe ohne Zweifel das Christentum versinnbildlichen, wie es den Islam zum Weichen bringt.

Fig. 1. Gesticktes Purpurgewand im Domschatze zu Bamberg.

„ 2. Gemustertes Seidengewebe an der Tunica Heinrichs II. im Nationalmuseum in München.

„ 3. 4 u. 7. Gestickte Bordüren von der Kaiserl. Albe in der K. Schatzkammer zu Wien.

„ 5 u. 6. Gestickte Bordüren an der Kaiserl. Tunicelle ebendaselbst.

„ 8. Gestickte Bordüren an dem deutschen Kaisermantel in der Kaiserl. Schatzkammer zu Wien.

„ 9. Stickerei am deutschen Kaisermantel ebendaselbst.

„ 10 u. 11. Aufgemalte Gewandmuster von Grabsteinen in der Kirche S. Lorenzo fuori le mura zu Rom.

Fig. 10 u. 11. Aufgenommen von H. Dolmetsch.

Das Übrige aus „Bock, die Kleinodien des heiligen römischen Reiches deutscher Nation.“ Fig. 2 aus dem XI., Fig. 1, 3—9 aus dem XII. Jahrhundert.

BYZANTINISCH und ROMANISCH.

ARCHITEKTUR und SKULPTUR.

Der im Ganzen grofse Unterschied zwischen byzantinischer und romanischer Architektur beschränkt sich bei den dekorativen Einzelheiten auf ein sehr geringes Mafs, was sich durch die schon früher erwähnte lebhafte Ausfuhr byzantinischer Kunstgegenstände nach dem Westen und durch den Einflufs byzantinischer Künstler leicht erklären läfst.

Das byzantinische Kapität ist entweder eine Nachbildung antiker Kapitäle, namentlich des korinthischen (Fig. 1), wo sich jedoch bei der Behandlung des Blattwerks, welches hier breitgezackt und scharfgespitzt ist und einer gewissen Erstarrung entgegengeht, nicht mehr jene feine Beobachtung der Natur kundgibt, wie in der klassischen Zeit; teils weist es eine originale Gestalt auf in der Form eines nach unten zusammengezogenen Würfels (Fig. 2). Die 4 Seiten sind dann umrahmt von schwach erhabenem Band- oder Flechtwerk, welches ein stets konventionell behandeltes Blattwerk oder auch symbolische Figuren einschliefst.

Die romanische Architektur bildete ihre Kapitäle teils in korinthisierender oder byzantinisierender Weise (Würfelkapität; teils schuf sie sich in den glocken- oder kelchartigen Kapitälen besondere Formen, die bald einfach, bald reich verziert zur Verwendung kommen. Besonders sind viele Würfelkapitäle bedeckt mit figürlichem Schmuck (Fig. 10), wie überhaupt Menschen- und Tiergestalten, oft in phantastischen Umbildungen, als Dekorationsmittel nicht verschmäht wurden. Vielfache Anwendung fanden auch die sog. Zwillingskapitäle. — Sehr beliebt als Verzierung der Säulenschäfte, Schlufssteine, Friese, Gesimse u. s. w. war Ranken- und Blattwerk, welches ausnahmslos in stilisierten Formen vorkam und wenigstens in den ersten Zeiten oft von geringem Verständnis für die Natur zeugte. Die Blätter sind breit gehalten und ihre Spitzen vielfach abgerundet. — Zur Erzeugung eines kräftigen Wechsels von Licht und Schatten war alles sehr erhaben, mitunter fast frei herausgearbeitet wie bei Fig. 13. — Die Figuren 13 u. 14 gehören schon dem sog. Übergangstile an.

Fig. 1. Kapität aus der Agia Theotokos zu Konstantinopel. Ende des IX. Jahrhunderts.
„ 2. Kapität zu S. Vitale zu Ravenna.
„ 3. Fenstersturzverzierung aus der Agia Theotokos zu Konstantinopel.
„ 4. Kämpfergesims aus der Kirche des h. Nikolaus zu Myra.
„ 5. Pilasterkapität aus der Agia Sophia in Konstantinopel.
„ 6. Thüreinfassung an der Abteikirche zu St. Denis. XII. Jahrh. Mitte.
„ 7. Füllung.
„ 8. Säulenverzierung von der Kathedrale zu Bourges.
„ 9. Desgl. „ „ „ „ Autun.
„ 10. Kapität von der Abteikirche zu St. Benoit.
„ 11. Desgl. vom Barbarossa-Palast in Gelnhausen.
„ 12. Bogeneinfassung von der Kirche St. Amant de Boixe.
„ 13. Desgl. „ „ „ zu Gelnhausen. Anfang d. XIII. Jahrh.
„ 14. Tragstein „ „ „ „ „ „ „ „
„ 15. Verzierung an einem Säulenschaft aus der Kirche zu Tournus. XII. Jahrh.
„ 16. Desgl. „ „ „ „ Kathedrale zu Chartres. „
„ 17. Von einer Thürumrahmung aus der ehemaligen Benediciner-Abteikirche zu Ellwangen.
„ 18. Fries im Innern der St. Walderichs-Kapelle zu Murrhardt.
„ 19 u. 20. Bogenkonsolen am Seitenschiffe der St. Sebalduskirche zu Nürnberg.
„ 21. Schlufssteinverzierung in derselben Kirche.
„ 22. Desgl. aus dem Dome zu Bamberg

Fig. 8, 9, 13, 15 u. 16 nach Originalabgüssen der Gypsmodellsammlung der Kgl. Centralstelle für Gewerbe und Handel in Stuttgart. Das Übrige entnommen aus:
„Schwarz u. Cades, die ehemalige Benediktiner-Abteikirche z. h. Vitus in Ellwangen."
„Bandot, la sculpture française au moyen-âge et à la renaissance."
„Salzenberg, altchristliche Baudenkmale von Konstantinopel vom V.—XII. Jahrhundert."
„Gailhabaud, l'architecture du V. au XVII. siècle et les ans qui en dépendent."
„Viollet-le-Duc. Dictionnaire raisonné de l'architecture française du XI. au XVI. siècle."

H. Dolmetsch.

ORNAMENTENSCHATZ.

ARCHITEKTUR UND SKULPTUR.

VERL. · JUL. HOFFMANN STUTTGART.

MANUSCRIPT-MALEREI UND EMAIL.

ROMANISCH.

MANUSKRIPTMALEREI und EMAIL.

Am freiesten konnte sich das romanische Ornament in der Manuskriptmalerei bewegen, wo namentlich die grofsen Anfangsbuchstaben (Initialen) eine glänzende Behandlung erfuhren. Fig. 1 u. 2. Die Tierwelt besonders zeigte sich hier in Verbindung mit Rankenwerk in den wunderbarsten, arabeskenartigen Darstellungen. Der Malgrund ist in der früheren Zeit golden, später buntfarbig.

In der Schmelztechnik, von Byzanz nach Deutschland verpflanzt, brachten es die deutschen Künstler zu hoher Vollendung: nur nahmen sie zur Unterlage anstatt der kostspieligen goldenen Platten solche von Kupfer und anstatt des Zellenschmelzes bedienten sie sich des Grubenschmelzes, welcher sich dann auch in Frankreich verbreitete und hauptsächlich in Limoges zu einem Weltruf gelangte. — In der Regel wurden bei figürlichen Darstellungen nur der Hintergrund und die umschliefsenden Ornamente auf diese Weise behandelt; die Figuren selber liefs man in Metall stehen und gravierte mit dem Grabstichel die Einzelheiten (Gewandumrisse u. s. w.) hinein, welche dann durch farbigen Schmelz noch deutlicher gemacht wurden. (Vergl. den Kopf bei Fig. 20. Fig. 3 zeigt eine davon etwas abweichende Art der Schmelzbildnerei, indem hier gerade die Umrisse stehen bleiben und der übrige Teil der Figur durch Schmelz hergestellt wurde. Der erhabene Kopf ist wie bei manchen solchen Kunstgegenständen aus vergoldetem Kupfer und besonders aufgesetzt. Fig. 6 u. 11 zeigen den in der Architektur so beliebten Zickzack- und Rundbogenfries.

Fig. 1. Initiale aus einem deutschen Manuskript (rheinische Schule). XI.—XII. Jahrhundert in der Bibliothek in Paris.

" 2. Initiale aus einem deutschen Manuskript des XII. Jahrh. aus einer Privatsammlung in Cöln.

" 3. Reliquienkreuz aus der ersten Hälfte des XII. Jahrh. im Diöcesan-Museum zu Freising.

" 4. Pilaster vom Schrein des h. Heribertus in der Benediktiner-Abtei zu Deutz. XII. Jahrh. (Mitte.)

" 5 u. 10. Vom Schrein der grofsen Reliquien in Aachen. XII. Jahrh.

" 6. Aus einer Sammlung in Bonn. XII. Jahrh.

" 7. Verzierung vom Annoschrein in der ehemaligen Abtei zu Siegburg. XI. Jahrh.

" 8 u. 9. Von einem Reliquienkasten im South-Kensington-Museum zu London. XII. Jahrh.

" 11. Von einem Reliquienkästchen. XII. Jahrh.

" 12 u. 13. Vom Tragaltar des h. Andreas im Dom zu Trier. X. Jahrh.

" 14. Flache Scheibe von vergoldetem Kupfer im Privatbesitz zu Bamberg. XII. Jahrh.

" 15. Heiligenschein von einem Schrein in der ehemaligen Abtei zu Siegburg. XI. Jahrh.

" 16—19. Verzierungen an Vortragekreuzen in Essen. XI. Jahrh.

" 20. Halbfigur eines Engels vom Schrein des h. Heribertus. Siehe Fig. 4.

" 21. Vom Schrein Karls des Grofsen in Aachen. XII. Jahrh.

" 22 u. 23. Vom Mauritiuskasten zu Siegburg. XI. Jahrh.

" 24. Von einer Altarwand. XII. Jahrh.

Fig. 3—24 sind Schmelzarbeiten. Entnommen aus:
"Labarte, histoire des arts industriels."
"Weerth, Kunstdenkmäler des christlichen Mittelalters in den Rheinlanden."
"Becker u. Hefner, Kunstwerke und Gerätschaften des Mittelalters und der Renaissance."
"Hoffmann, les arts et l'industrie."

ROMANISCH.

WANDMALEREI.

Die bei der Wandmalerei verwendeten Farben sind heiter und zeigen eine große Mannigfaltigkeit. Die menschlichen Figuren tragen nicht die starre Greisenhaftigkeit der byzantinischen aus der gleichen Zeit zur Schau, sondern zeigen freiere Bewegung und Jugendlichkeit. Bei den Gewändern, die sich ziemlich genau an die Körperformen anschließen, ist die Motivierung der Falten eine viel bessere als z. B. bei den byzantinischen Bildern. Für das Ornament gelten alle bisher angeführten Eigentümlichkeiten des romanischen Stils. Reiche Anwendung wird vom Kreise oder Kreisteilen gemacht.

Fig. 1 u. 2. Aus der Apsis der Basilica di S. Angelo in Formis bei Capua. XI. Jahrhundert.

„   3 — 5. Aus dem Kapitelsaal der ehemaligen Benediktiner-Abtei Brauweiler bei Cöln. XI. Jahrh.

„   6 — 9. Aus der Unterkirche zu Schwarz-Rheindorf bei Bonn. XII. Jahr. (Mitte).

„ 10,11 u.15. Aus dem Chor der Domkirche zu Braunschweig. XII. Jahrh.

„   12. Aus der ehemaligen Abtei-Kirche zu Marcigny. XII. Jahrh.

„ 13 u. 14. Aus der Kirche zu Anzy. XII. Jahrh.

„ 16 u. 17. Aus der Unterkirche S. Francesco zu Assisi.

        Fig. 16 u. 17. Aufgenommen von H. Dolmetsch. Das Übrige entnommen aus:

        „Weerth, Wandmalereien des christlichen Mittelalters in den Rheinlanden."

        „Salazaro, studi sui monumenti della Italia meridionale del IX. al XIII secolo."

        „Gailhabaud, l'Architecture du V. au XVII. siècle."

        „Calliah, Encyclopédie d'Architecture."

H. Dolmetsch.

ORNAMENTENSCHATZ, VERLAG v. J. HOFFMANN, STUTTGART.

GLASMALEREI.

ROMANISCH-GOTHISCH.

GLASMALEREI.

Obgleich schon im IX. Jahrhundert die Herstellung von farbigem Glas bekannt war, kann von Glasmalerei doch erst gesprochen werden vom Ende des X. Jahrhunderts an. Damals wurden die ersten Versuche gemacht, in der Masse gefärbte Scheiben durch eine dunklere, aufgeschmolzene Farbe zu schattieren, und im XIII. Jahrhundert schritt man dazu weiter, farbloses Glas, das jedoch immer einen grünlich-gelben Ton hatte, mit farbigem zu überziehen oder zu „überfangen" und in letzteres die Zeichnung so einzuschleifen, dafs je nach Bedürfnis an einzelnen Stellen das Überfangglas eine gröfsere oder geringere Stärke erhielt oder auch ganz entfernt wurde. Diese farblosen Stellen wurden dann oft noch mit einer anderen Schmelzfarbe bemalt, auch suchte man einen gröfseren Farbenreichtum

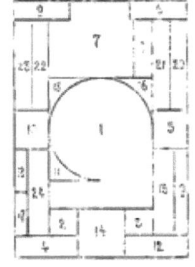

dadurch zu erreichen, dafs man auf beiden Seiten des Glases verschiedene Farben auftrug. — Die fertig gestellten Gläser wurden dann schliefslich durch Bleiruten zu der beabsichtigten Zeichnung verbunden.

In der romanischen Periode tragen die Glasmalereien noch ganz den Charakter von Teppichen an sich, deren Stelle sie auch eigentlich vertreten. Die Fensterfläche ist mit Band- und Blätterornamenten bedeckt, in deren Mitte sich aber schon frühe Medaillons mit kleinen bildlichen Darstellungen finden; seltener kommen stehende, das ganze Fenster ausfüllende Figuren vor. Die einzelnen Gestalten sind noch unbeholfen und in der Zeichnung fehlerhaft.

Fig. 20—24. Aufgenommen von H. Dolmetsch. — Das Übrige entnommen aus:
„Cahier et Martin, mélanges d'archéologie."
„Gailhabaud, l'architecture du V. au XVII. siècle."
„Lomadre, les arts somptuaires."
„Lacroix et Seré, le moyen âge et la renaissance."
„Declous et Doury, histoire de la St. Chapelle à Paris."
„Willemin, monuments français inédits pour servir à l'histoire des arts."
„Viollet-le-Duc, dictionnaire raisonné de l'architecture française."

ROMANISCH-GOTHISCH.

FUSSBODEN-BEKLEIDUNGEN.

Wo nicht verschiedenfarbige Steinarten zur Herstellung eines kunstreichen Bodenbelags zu Gebote
standen, lag es nahe, zur Ausschmückung von Böden Thonplättchen oder gravierte Steinplatten zu verwenden. Solche Steinplatten mit ihren in farbigem Zement ausgeführten Zeichnungen (Fig. 1—8) trafen
wir schon bei der Besprechung der arabischen Ornamentik, wie auch Thonplättchen, die zu einer Art
Mosaikboden (Fig. 9—16) zusammengefügt wurden. Im letzteren Falle finden wir namentlich in der Zeit
der Herrschaft des romanischen Stiles entweder jede einzelne Farbe durch ein besonderes Plättchen in der
entsprechenden Form vertreten (Fig. 13—16) oder wird das Ornament in eine Thonplatte eingedrückt, die
Vertiefung mit verschieden gefärbtem Zement ausgegossen und das Ganze endlich mit einer durchsichtigen
Glasur überzogen (Fig. 17—27).

Daneben kam auch der Gebrauch auf, der sich dann besonders in der Zeit der Gothik verbreitete,
die einzelnen Fliesen mit Hilfe eines Modells mit einer vertieften oder erhabenen Zeichnung zu versehen.
Diese Plättchen, von denen gewöhnlich vier in ihrer Zusammensetzung erst das beabsichtigte Ornament
bilden, wurde in ihrer Naturfarbe belassen und mannigfach auch glasiert.

Natürlich stofsen wir bei der mosaikartigen Zusammensetzung fast nur auf einfache geometrische
Motive, während bei den andern oben erwähnten Arten von Fufsbodenbekleidungen hauptsächlich die
Menschen-, Tier- und Pflanzenwelt zur Erscheinung kommt. Unter den Pflanzen sind es insbesondere die
Lilien in den mannigfachsten Stilisierungen und, wie bei der Glasmalerei, die Blätter der Eiche und Rebe,
die überall wiederkehren.

Fig. 1—8. Gravierte Steinplatten aus der alten Kathedrale zu S. Omer, XIII. Jahrhundert. (Grund braun,
innere Zeichnung bei Pferd und Reiter rot ausgefüllt.)
9 u. 10. Mosaikböden von gebranntem Thon emailliert, aus einer Sammlung in Dresden (schwarz und
rot, Mittelpunkte mit weifser Einfassung) XIII. Jahrh.
„ 11 u. 12. Desgleichen aus der Klosterkirche Colombe-les-Sens (rot, schwarz und gelb), XII. Jahrh.
„ 13 u. 14. Desgleichen aus der Abteikirche zu St. Denis (rot, schwarz und gelb) XII. Jahrh.
„ 15 u. 16. Desgleichen aus der alten Abteikirche zu Pontigny, XII. Jahrh. (gelb, rot und schwarz auf
grünem Grunde.)
„ 17—23. Emaillierte Thonfliese aus St. Pierre-sur-Dive, XII. Jahrh. (gelb und schwarzbraun).
„ 24 u. 25. Desgleichen aus der Kirche zu Bloxham, XIII. Jahrh. (rot und gelb).
„ 26 u. 27. Desgleichen aus der Beddington-Church in Surrey, XV. Jahrh. (rot und gelb).
„ 28. Gravierte Thonfliese aus dem Rathause zu Ravensburg (Naturfarbe ohne Glasur), XIV. Jahrh.
„ 29. Desgleichen aus einem Patrizierhause daselbst, XIV. Jahrh.
„ 30. Thonfliese mit vertieftem Grund, Naturfarbe ohne Glasur, XIV. Jahrh., aus d. Kirche z. Gaildorf.
„ 31. Thonfliese mit vertieftem Grund und reliefierten Figuren aus d. Kloster zu Alpirsbach, XII. Jahrh.

Fig. 24—27. Nach Aufnahmen von Architekt Theophil Frey in Stuttgart.
„ 28 u. 29. „ „ „ Zeichenlehrer Bosch in Ravensburg.
„ 30. „ „ „ H. Dolmetsch.

Das Übrige entnommen aus:

„Hassler, Schwäbische Fliese. Verhandlungen des Vereins für Kunst und Altertum in Ulm und Oberschwaben.“
„Cahier et Martin, Suite aux mélanges d'archéologie.“
„Calliat, Encyclopédie d'architecture.“
„Amé, Les carrelages émaillés du moyen-âge et de la renaissance.“
„Viollet-le-Duc, Dictionnaire raisonné de l'architecture française du XI. au XVI. siècle.“

H. Dolmetsch.

ORNAMENTENSCHATZ. VERL. - JUL. HOFFMANN STUTTGART.

FUSSBODEN-BEKLEIDUNGEN.

Kalmetsch.

HOLZMOSAIK.

GOTHISCH.

HOLZEINLAGEN.

Von der Ausschmückung der Wände und Fußböden mit verschiedenfarbigem Material war es kein großer Schritt zu einer ähnlichen Verzierung bei Gegenständen von Holz. Doch fand hier die Ornamentik eine gewisse Schranke in der Natur des Holzes: so sind denn, wenigstens in der Gothik, Motive aus der Pflanzenwelt und bildliche Darstellungen sehr selten, dagegen treffen wir am häufigsten Band und Linienverzierungen, verbunden mit mosaikartiger Anordnung kleiner Holzstückchen zu Sternen u. s. w.

Fig. 1—6. Von einem Lesepult im Dome zu Orvieto.

„   7 u. 8. Von den Chorstühlen der Frarikirche zu Venedig.

9—17. Von der Sakristeithüre in S. Anastasia zu Verona.

„ 18—27. Von den Chorstühlen im Münster zu Ulm.

Fig. 9—17. Aufgenommen von Baumeister Borkhardt in Stuttgart.
Das Übrige entnommen aus:
„Benoît, monographie de la Cathédrale d'Orvieto.“
„Stegmann, Kunst und Gewerbe.“
„Egle, der Münster in Ulm.“

GOTHISCH.

GLASMALEREI.

Waren in der romanischen Periode hauptsächlich blofs ornamentale Verzierungen in allerdings bedeutender Vollkommenheit zur Ausführung gekommen, so trat in dieser Hinsicht im XIV. Jahrhundert ein bedeutender Umschwung ein. Denn als jetzt der romanische Stil in der Glasmalerei, in der er sich noch lange in die Gothik herein erhalten hatte, ganz verdrängt wurde, sah man sich dazu veranlafst, die weiten Fensteröffnungen hauptsächlich durch figürlichen Schmuck auszufüllen. Die früher so beliebten Teppichmuster wurden mehr und mehr nur noch als Hintergrund der Figuren verwendet, dazu trat dann auf farblosem Glase mit schwarzer Zeichnung verziert sind und bunte Farben oft nur sparsam zeigen.

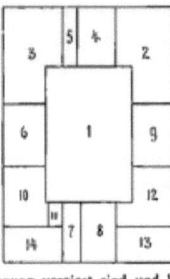

häufig eine leicht aufgebaute Architektur. Doch hat das stilisierte Blatt- und Rankenwerk noch einen Platz als Einfassung. In späterer Zeit wird dasselbe immer freier behandelt, so dafs es oft zu wilder Bewegung ausartet. Neben den Fenstern mit figürlichen Darstellungen kommen aber auch rein ornamental gehaltene vor, eine besondere Gattung derselben bilden die sogenannten Grisaillen, die

Fig. 1. Von einem Chorfenster im Münster zu Ulm.
  „ 2—3. Von den Chorfenstern der Frauenkirche zu Esslingen.
    4—8. Im Nationalmuseum zu München, früher im Dome zu Regensburg.
      9. Von einem Chorfenster im Dome zu Köln.
  10 u. 11. Vom Chor der Klosterkirche zu Königsfelden (Schweiz).
    12. Von einem der Schifffenster der Oberkirche zu S. Francesco zu Assisi.
  „ 13 u. 14. Von den Seitenschifffenstern der Unterkirche daselbst.

Fig. 1. Aufgenommen von Maler Fr. Dirr in Ulm.
  „ 2 u. 3.   „   Glasmaler Ancoutiler in Stutigart.
  „ 4—8.   „   Zeichner P. Haaga daselbst.
  „ 9. Entnommen aus dem Werke von Schmitz „Der Dom zu Cöln".
  „ 10, 11, 13 u. 14. Aufgenommen von H. Dolmetsch.
  „ 12. Aufgenommen von Baumeister Borkhardi in Stutigart.

H. Dolmetsch.

ORNAMENTENSCHATZ. VERL. v. JUL. HOFFMANN. STUTTGART.

GLASMALEREI.

ARCHITEKTUR, SKULPTUR UND ORNAMENTIK.

GOTHISCH.

ARCHITECTUR, SKULPTUR und ORNAMENTIK.

Beim gothischen Stil treffen wir, abgesehen von Ausartungen in der spätesten Zeit der Gothik, durch-gängig eine Unterordnung der Verzierungen unter die Architektur. Nach diesem Grundsatze überwuchert daher das Ornament nirgends den architektonischen Aufbau, wird nie Selbstzweck, sondern dient nur dazu, den Eindruck der Architektur in harmonischer Weise zu ergänzen oder einzelnes je nach Bedürfnis hervor-zuheben. So erhalten namentlich die spitzbogigen Portale und Fenster, die kühn aufwärtsstrebenden Türme und Türmchen, Fialen etc. etc., die Kapitäle und Gesimse, Chorstühle und Galerien ornamentalen Schmuck, mit welchem auch die Werke der Kleinkunst, Haus- und Kirchengeräte durchaus nicht kärglich bedacht sind.

Die Kapitäle sind meist nur eine glockenförmige Erweiterung des Säulenschaftes, um welche in freier Weise Blätter und Blumen gewunden sind (Fig. 15—17. Die Verwendung vegetabilischen Schmuckes ist überhaupt eine sehr ausgedehnte: so sind z. B. die Krabben oder Knollen an den Kanten der Giebel und Turmpyramiden eigentlich nichts anderes als in freier Weise umgestaltete Blätter, und die Schlufssteine in den Gewölben, die Konsolen u. s. w. sind ebenfalls sehr häufig mit Blätterschmuck versehen.

An der Bearbeitung und Auffassung dieser Blätter und Blumen läfst sich die Zeit, aus welcher ein Bauwerk, ein Geräte herstammt, mit ziemlicher Sicherheit bestimmen. Während nämlich in der ersten Zeit der Gothik (13. Jahrh.) die Behandlung eine volle und breite ist, welche die Naturformen nur leicht stilisiert Fig 4, 5, 6, 15, 16, 21), bekommt später eine schwungvollere Ausführung die Oberhand Fig. 10—12). Und in der letzten Periode des gothischen Stils endlich läfst sich eine wachsende Entfernung von den natür-lichen Formen nicht verkennen, indem alles Blattwerk ein knorriges Aussehen erhält, wobei sich dann auf der einen Seite eine gewisse Erstarrung geltend macht (Fig. 8, 9, 22), während auf der andern Seite eine mitunter unruhige Bewegung herrscht (Fig. 17, 18, 20). Dazu trägt wesentlich auch die Gewohnheit bei, die Blätter so frei zu unterarbeiten, dafs sie nur leicht angeheftet erscheinen, was vielfach einen zu harten Wechsel von Licht und Schatten zur Folge hat.

Das Laubwerk ist mit Vorliebe der heimischen Flora entnommen. Die Blätter des Weinstocks, der Distel, der Eiche und Buche, des Epheus und Klees, der Rosen u. s. w., an welche sich meist symbolische Bedeutungen knüpfen, treten überall auf.

Menschen- und Tierfiguren finden eine vielfach humoristische Verwendung bei den sog. Wasser-speiern. Auch Konsolen, Schlufssteine und namentlich die Giebelfelder über den Thüren sind mit figürlichen Darstellungen geschmückt.

Fig.		
„	1.	Geschnitzte Figur vom Chorgestühle des Münsters zu Ulm.
„	2.	Knauf an einer Sitzklappe (Misericordia) an demselben Gestühle.
„	3.	Schlufssteinverzierung aus dem Dom zu Naumburg.
„	4.	Kapitälknauf von der Kirche zu Gelnhausen.
„	5.	„ französischen Ursprungs.
„	6.	Kreuzblume von der Notre-dame Kirche zu Paris.
„	7.	Knauf an einer Kreuzblume daselbst.
„	8.	Kreuzblume vom Tabernakel der ehemaligen Spitalkirche zu Efslingen.
„	9.	Krabbe aus Nürnberg.
„	10.	„ vom Dom zu Köln.
„	11 u. 12.	Kehlenverzierung daselbst.
„	13 u. 14.	Wasserspeier daselbst.
„	15.	Kapitäl französischen Ursprungs.
„	16.	„ vom Kreuzgange der Kirche zu Wimpffen im Thal.
„	17.	„ von der Glockenhalle der Frauenkirche zu Efslingen.
„	18.	„ vom Taufsteine in der Marienkirche zu Reutlingen.
„	19.	Gesimsverzierung an der Kathedrale zu Troyes.
„	20.	Geschnitzte u. durchbrochene Füllung eines Schrankthürchens französischen Ursprungs.
„	21.	Kehlenverzierung von der Kirche zu Wimpffen im Thal.
„	22.	„ aus Nürnberg.

Fig. 1, 2, 3, 4, 9, 15, 17, 18, u. 20—22. Aufgenommen nach Modellen aus der Gipsmodellsammlung der Kgl. Centralstelle für Gewerbe und Handel.

Das Übrige entnommen aus:

„Franz Schmitz: Der Dom zu Köln.“
„Heideloff, die Ornamentik des Mittelalters.“
„Viollett-le-duc, dictionnaire raisonné de l'architecture française du XI. au XVI. siècle.“
„Raguenet, materiaux et documents d'architecture et de sculpture.“

GOTHISCH.

WEBEREI, STICKEREI, BEMALTE SKULPTUR und EMAIL.

Gewebe und Stickereien, welche in grofser Anzahl während der gothischen Periode namentlich in den Klöstern gefertigt wurden, schlossen sich in der ersten Zeit noch an die vom Süden und Osten überkommenen Muster an (Fig. 11). Aber man verschmähte dies allmählig und wandte sich besonders der Verzierung durch Blumen und Blätter zu, die in strenger Stilisierung Verwendung finden, ohne jedoch das figürliche Element auszuschliefsen. Letzteres hatte seinen Platz namentlich bei heiligen Gewändern, Vorhängen und Teppichen in Kirchen, wo ihm eine symbolische Beziehung unterlegt wurde. Dafs in der italienischen Gothik auch das Liniennornament seinen Platz behauptete (Fig. 6—9), darf uns bei dem Einflufs byzantinischer und arabischer Kunst in der früheren Zeit nicht Wunder nehmen (vergl. auch Taf. 44, Fig. 13, 14, 16, 19).

Skulpturen von Holz oder Stein wurden vielfach bemalt; die Gewandmuster zeigen dann gewöhnlich die oben erwähnten Motive.

Fig. 12 u. 13 gehören schon dem Übergang von der Gothik zur Renaissance an.

Das Email fand besonders im 13. Jahrhundert an den prächtigen Reliquienschreinen reichste Anwendung, hiebei kamen jedoch die romanischen Zierformen noch sehr zur Geltung.

Fig.
1. Statue des h. Simon im Chor des Domes zu Köln.
" 2. Gewandmuster an einer andern Statue daselbst.
" 3. Gestickte Bordüre französischen Ursprungs. XIV. Jahrhundert.
" 4. Gestickter Stoff " " " (anstatt Gold ist im Original Silber angewendet) XV. Jahr.
" 5. " " " XIV. Jahrh.
" 6—9. Bordüren und Teppichmuster von den Wandgemälden der Oberkirche S. Francesco zu Assisi. XIV. Jahrh.
" 10. Teppichmuster von einem Temperagemälde des Niccolo Alunno (1466) in der Pinakothek zu Perugia.
" 11. Sizilianisches Gewebe aus der Marienkirche zu Danzig. XIII. Jahrh.
" 12. Borde eines Teppichs auf dem Bilde des Hugo van der Goes in den Uffizien zu Florenz. XV. Jahrh.
" 13. " " " " auf einem Bilde von Mantegna in S. Zeno zu Verona, Ende des XV. Jahrh.
" 14. Bordüre von einem gestickten Mefsgewande. XIV. Jahrh. (deutsche Arbeit).
" 15 u. 16. Stoffmuster aus dem XIV. Jahrh., französischen Ursprungs.
" 17. Vergoldete Kupfergravierung von der Kreuzreliquientafel in der kath. Pfarrkirche zu Mettlach.
" 18—20. Emaillierte Verzierungen am Schrein der h. drei Könige im Dom zu Köln, Anfang des XIII. Jahrh.
" 21. Emaillierte Bordüre aus dem Anfang des XIII. im Musée de Cluny.

Fig. 6—8. Aufgenommen von Reg.-Baumeister Borkhardt in Stuttgart.
" 9 u. 10. " " H. Dolmetsch.

Das Übrige entnommen aus:
"Weerth, Kunstdenkmäler des christl. Mittelalters in den Rheinlanden."
"Hoffmann, Les arts et l'industrie."
"Cahier et Martin, mélanges d'archéologie."
"Losandre, Les arts somptuires."
"Dupont-Auberville, l'ornement des tissus."
"Viollet-le-Duc, dictionnaire raisonné du mobilier français."

WEBEREI, STICKEREI, BEMALTE SKULPTUR UND EMAIL.

MANUSKRIPTMALEREI.

GOTHISCH.

MANUSKRIPTMALEREI.

In der Manuskriptmalerei verdrängten die lebhaften Formen des Ornamentes nur langsam die runden, flächenfüllenden des romanischen Stils. Die Blumen wurden teils stilisiert, teils sind sie ganz naturalistisch gehalten und Fig. 8 und 13 geben uns ein Bild davon, wie beide Arten der Behandlung oft miteinander verbunden wurden, so besonders in der späteren Zeit der Gothik. Charakteristisch für diese ist eine kräftige Schattierung, sowie der Gebrauch von Halbtönen und das Aufsetzen von Lichtern.

Bemerkenswert ist die Mannigfaltigkeit und Pracht der Farben, mit welchen uns die üppige und lebensvolle Blumenflora in den Miniaturen der ehrwürdigen Handschriften jener Zeit vorgeführt wird.

Fig. 1— 4 aus dem XIV. Jahrhundert.

5—13 samt den einzelnen Blättern und Blumen aus dem XV. Jahrh.

Fig. 1, 5 u. 6. Aufgenommen von Zeichner P. Haags nach Miniaturen im Museum vaterländischer Altertumer zu Stuttgart.

„ 12. Aufgenommen von Prof. Händel in Weimar.

Das Übrige entnommen aus:

„Humphreys and Jones, the illuminated books of the middle ages."

„Wyatt, the art of illuminating as practised in Europe from the earliest times."

GOTHISCH.

WAND- UND DECKENMALEREI.

Die weitere Ausbildung der Wandmalerei wurde in der gothischen Periode dadurch einigermafsen gehindert, dafs selten geeignete Mauerflächen zur Aufnahme von gröfseren Gemälden vorhanden waren. Dagegen bot sich zur Anbringung ornamentalen Schmuckes reichliche Gelegenheit. — Die vorkommenden Figuren wurden beeinflufst durch die Richtung nach oben und den oft sehr schmalen Platz, der für sie angewiesen war, demzufolge tragen sie denn auch nicht selten ein zu schlankes Aussehen zur Schau. Aber im Unterschied von den romanischen Gestalten, haben sie fast alle etwas lebendiges und graziöses in Haltung und Gebärde; doch führte dies in der weiteren Entwicklung zu einer gewissen gewundenen, manirierten Stellung. (Vergl. Fig. 4 u. Taf. 42, Fig. 1.) — Die Gewandfalten fliessen weich, in langen, schönen Linien herab, die Konturen derselben sind schwarz und kommt nur sehr wenig Schattierung in bunter Farbe vor. Bei Fig. 1 ist die Schattierung durch schwarze Strichlagen gebildet. Fig. 17 ist ein Beispiel dafür, in welcher Weise die Antike wieder Geltung gewinnt und so zur Renaissance hinüberführt.

Fig. 22.

Fig.
1. Von einem Stammbaum in der Hospitalkirche zu Stuttgart. XV Jahrhundert.
» 2. Teil von Fig. 22. Bemaltes Flachornament mit zurückgeschnittenem Grunde.
» 3 u. 4. Aus der Kirche zu Brauweiler. XIV. Jahrh.
» 5. Aus einer Kapelle zu Ramersdorf. XIV. Jahrh.
» 6 u. 7. Aus einem Nebengemach der Stiftskirche zu Fritzlar. XV. Jahrh.
» 8. Aus der Jakobinerkirche zu Agen. XIII. Jahrh.
» 9 u. 10. » » St. Chapelle zu Paris. XIII. Jahrh.
» 12—19. » » Oberkirche San Francesco zu Assisi.
» 20 u. 21. » » Unterkirche daselbst.
» 22. (Siehe obige Text-Illustration.) Untere Ansicht des Holzbaldachins über dem ehemaligen Abtsstuhle in der Klosterkirche zu Blaubeuren.

Fig. 1. Aufgenommen von Zeichner P. Haaga in Stuttgart.
» 2. » » Zeichenlehrer Weifs in Blaubeuren.
» 12—19. » » H. Dolmetsch.
Das Übrige entnommen aus:
„Weerth, Wandmalereien des christlichen Mittelalters in den Rheinlanden."
„Endell, Zeitschrift für Bauwesen."
„Calliot, Encyclopédie d'architecture."

ORNAMENTENSCHATZ. VERL. · JUL. HOFFMANN, STUTTGART.

WAND- UND DECKEN-MALEREI.

ITALIENISCHE RENAISSANCE.

GLASMALEREI.

ORNAMENTENSCHATZ. VRL. v. JUL. HOFFMANN, STUTTGART.

H. Dolmetsch.

ITALIENISCHE RENAISSANCE.

GLASMALEREI.

Mehr und mehr kam man schon in der gothischen Periode davon ab, die Fensteröffnungen ganz mit farbigen Gläsern zu füllen. An ihre Stelle traten vollends mit dem Beginn des Renaissancestils, kleine Glasgemälde auf farblosem Grunde, welche allerdings dann wieder eine oft überreiche Einfassung und Umrahmung erhielten, so daß diese letztere mit ihren der Pflanzen- und Tierwelt entnommenen, gar häufig aber auch die menschliche Gestalt in den Bereich ihrer Darstellung ziehenden Ornamenten die Hauptsache zu bilden scheint. Daß es dabei an allerlei symbolischen Gegenständen und Figuren nicht fehlt, zeigt ein Blick auf die beiliegende Tafel, deren Inhalt jedoch schon der späteren Zeit der Renaissance angehört.

Fig.   1. Aus dem Nationalmuseum im Bargello zu Florenz, aufgenommen von H. Dolmetsch.

     2—8. Aus der Certosa bei Florenz von Giovanni da Udine, aufgenommen von Reg.- Baumeister Burkhardt und Architekt Eckert in Stuttgart.

ITALIENISCHE RENAISSANCE.

FAYENCEPLATTEN.

Das Material und die Art der Herstellung glasierter Thonplättchen brachten es mit sich, dafs Fufsböden und Wandbekleidungen aus solchen Plättchen kein in allen Einzelheiten so fein durchgeführtes Ornament aufzuweisen vermochten, wie Schöpfungen aus Metall, Marmor u. s. w. Wo diese Technik daher über das einfache geometrische Muster hinausgeht, sind die meist an byzantinische und orientalische Vorbilder erinnernden Ornamente doch bescheiden, aber dafür auch um so klarer und kräftiger. Ihre Wirkung erhält aber noch eine Steigerung durch die Trefflichkeit der Farbenzusammenstellung; und doch wurden in weiser Mäfsigung fast nie mehr als 4 Farben zur Anwendung gebracht.

Besondere Berühmtheit erlangte durch Fabrikation solcher Ziegelböden- und Wandbekleidungs-Platten die Schule der Robbia, weshalb solche Plattenmosaiken vielfach unter dem Namen „Robbiaarbeiten" verzeichnet werden.

Fig. 1, 6, 9, 11, 12, 13, 14 u. 15. Bekleidungsplatten an den Treppenwänden des Hauses Nr. 26 in Via Luccoli zu Genua.

„ 2, 3, 4, 5, 7, 8 u. 10. Desgleichen in Haus Nr. 10 in Via S. Matteo daselbst.

„ 16 u. 17. Fufsbodenplatten aus San Petronio zu Bologna.

Aufgenommen von Reg.-Baumeister Borkhardt in Stuttgart.

H. Dolmetsch.

ORNAMENTENSCHATZ VERL. v. JUL. HOFFMANN, STUTTGART

FAYENCE·PLATTEN.

FAÇADEN-MALEREI.

ITALIENISCHE RENAISSANCE.

FASSADENMALEREI.

Am Anfang des 15. Jahrhunderts tritt in Italien zuerst der Stil der Renaissance auf, und es läfst sich die Zeit bis ca. 1500 als die Zeit der Frührenaissance bezeichnen, im Gegensatz zur Hochrenaissance, deren Dauer bis in die Mitte des 16. Jahrhunderts geht.

Renaissance ist Wiederaufnahme, aber nicht sklavische Nachbildung, sondern freie Bearbeitung antiker Formen. Dies tritt besonders zu Tage beim Ornament, welches dieser Stil so reichlich und umfassend, wie kein anderer, verwertet. Namentlich bezieht sich dies auf die Motive, die wir finden. Da fällt uns vor allem das Pflanzenornament ins Auge, welches in der Frührenaissance den Grund meist noch mäfsig bedeckt. Es sind fast stets zarte, schön geschwungene Ranken in symmetrischer oder doch regelmäfsiger Anordnung. Dabei spielt die Hauptrolle das antike Akanthusblatt, welches freilich die mannigfachste Umbildung erfährt. Auch die Rebe, der Lorbeer, der Epheu u. s. w. werden vielfach verwertet, teils naturalistisch, teils stilisiert. Aber dieses Laubwerk mit seinen Zweigen und Früchten erhält durch Tiere aller Art, phantastische Wesen, Menschen, sodann durch symbolische Gegenstände, Waffen, Masken, Embleme, Vasen, Kandelaber u. dergl. reiche Abwechslung und Belebung. Hauptsächlich ausgebildet wird die Verbindung von Menschen- und Tiergestalten mit vegetabilischen Elementen (Fig. 3, vgl. auch Taf. 45). Ein nicht unwichtiger Bestandteil der Verzierung sind endlich die Wappen und Wappenschilder, letztere gewöhnlich als sogenannte Rofsstirnschilde (Fig. 6 u. 9) zur Zeit der Frührenaissance, späterhin dann als Kartouche.

Alles bisher erwähnte finden wir bei der Fassadenmalerei, d. h. bei den Malereien, mit denen einzelne Häuserfassaden in Ermangelung plastischen Schmuckes vollständig überzogen waren, welche entweder Ornamente oder geschichtliche Darstellungen zur Schau tragen. Die Farben sind lebhaft und harmonisch zusammengestellt, so dafs ein prächtiger Eindruck durch solche nicht blofs bemalte, sondern auch gemalte Architektur erzielt wird. Aus späterer Zeit, wo die figurenreichen, geschichtlichen Darstellungen das Ornament beinahe ganz verdrängten, findet man auch häufig broncefarbig oder grau in grau gemalte Fassaden.

Fig. 1—7. Von der Fassade eines Hauses in Genua (Via San Matteo Nr. 10).

„ 8. Hoffassade von „Casa Taverna" in Mailand.

„ 9—11. „ des Palazzo Piccolomini in Pienza.

Fig. 9—11 aufgenommen von Reg.-Baumeister Borkhardt in Stuttgart.

Das Übrige entnommen aus:

Reinhardt, Palast-Architektur Italiens: Genua.

Gruner, Specimens of ornamental art.

ITALIENISCHE RENAISSANCE.

INTARSIEN.

Blühte zur Zeit der Renaissance die Holzschnitzerei überhaupt, so gilt das in ganz besonderem Grade von einem Zweige derselben, nämlich von den eingelegten Holzarbeiten Intarsien', mit welchen namentlich Chorstühle, Schränke in Sakristeien u. s. w. aufs reichste geschmückt waren. Hinsichtlich der Gegenstände der Darstellung findet eigentlich keine Beschränkung statt, da wir ganze Gemälde, perspektivische Ansichten und Ornamente in buntester Auswahl antreffen. Letztere, meist hell auf dunklem Grunde, bieten uns eine herrliche Fülle von stilisierten Pflanzenmotiven, vermischt oder verbunden mit allerlei Vasen, Gefäßen, lebenden Wesen u. s. w. Die Anordnung des Rankenwerks ist, wenigstens bei regelmäßigen umrahmten Flächen, eine streng symmetrische. Auch hier steht das Akanthusblatt in erster Linie zur Verfügung; jedoch ist hier der Einfluß zu beachten, den die Herstellungsweise auf die Spitzen der Blätter ausübt.

Um größere Lebendigkeit zu erreichen, wird mitunter neben der Intarsia das Niello angewandt; die Blattrippen, Schraffierungen u. s. w. werden durch Ausfüllung mit einer dunklen Masse hergestellt.

Fig. 1. Vom Chorgestühl in S. Anastasia in Verona.
„   2. Vom Sockel der Sakristeischränke in S. Maria in Organo daselbst.
„   3—7. Vom Chorgestühl daselbst.
„   8. Vom Chorgestühl in Monte Oliveto maggiore.
„ 9 u. 10.   „   in S. Petronio zu Bologna. (Grund der Mittelfelder schwarz.)
„ 11—13.   in der Certosa bei Pavia, (Bei Fig. 12 Grund schwarz.)

Nach Aufnahmen von Reg.-Baumeister Borkhardt in Stuttgart.

H. Dolmetsch.   13.

ORNAMENTENSCHATZ VERL. - JUL. HOFFMANN, STUTTGART

INTARSIEN.

ORNAMENTENSCHATZ

VERL. v. JUL. HOFFMANN, STUTTGART.

ITALIENISCHE RENAISSANCE.

DECKENMALEREI.

An den Deckengewölben wie an den ebenen Holzdecken in Kirchen und Palästen fand der künstlerische Geist ein reiches Feld für seine Thätigkeit. Die gröfsten Künstler wirkten mit bei der Veredlung des Ornaments, indem sie ihre Freskomalereien mit Verzierungen selbst umrahmten (Fig. 1 u. 2). Der Untergrund dieser aus vegetabilischen und animalischen Elementen gemischten Ornamente ist meist leicht; die Farben selbst heiter und lebhaft. — Daneben fehlt es jedoch auch nicht an einfacheren Mustern. Wo keine bildlichen Darstellungen auftreten, ersetzen deren Stelle gemalte Kassetten oder Rosetten, eingefafst von geometrischen Ornamenten. — Bemerkenswert ist auch die Verbindung von solchen farbigen Ornamenten mit mehr oder weniger einfacher Stuckdekoration, die aber oft wie bei Fig. 1. in täuschender Weise mit dem Pinsel imitiert ist. Die beiden Rosetten (Fig. 11 u. 12) gehören zwar ihrer Entstehung nach einer der Renaissance vorangehenden Periode an, sie zeigen aber doch schon in ihren Bildungen eine ausgesprochene Verwandtschaft mit der eigentlichen Renaissance.

Fig. 1— 4. Vom Chorgewölbe in S. Maria del Popolo zu Rom. (Von Pinturicchio.)

      5. Aus einem der Borgia-Zimmer im Vatikan zu Rom.

„ 6 u. 9. Muster von den Gewölbfeldern in der Certosa bei Pavia.

„ 7 u. 10. Bordüren um diese Gewölbfelder.

„ 11 u. 12. Medaillons von den Gewölbfeldern in S. Francesco zu Lodi.

Fig. 1— 4. Aufgenommen von H. Dolmetsch, Architekt in Stuttgart, und H. Weinhold, Bildhauer in Dresden.

„ 5—10. Aufgenommen von Reg. Baumeister Burkhardt in Stuttgart.

„ 11 u. 12. Entnommen aus:

    „Gruner, specimens of ornamental art."

ITALIENISCHE RENAISSANCE.
SPITZENTECHNIK.

Im Altertum unbekannt und jedenfalls erst seit Ende des 15. Jahrhunderts zu künstlerischer Vollkommenheit gelangt, kann die Spitzentechnik so recht eine Schöpfung der Renaissance genannt werden. Und zwar ist Italien, namentlich mit den beiden Städten Venedig und Genua der Boden, dem man sowohl die Nadelspitzen als auch die feinste Gattung der auf dem Klöppelkissen gefertigten Arbeiten zu verdanken hat. Die ersteren, die sogenannten „points", sind als die kostbarere Gattung zu betrachten. Ihre Technik, bei welcher Grund und Ornamente aus lauter à jour gefertigten einzelnen Stichen bestehen, läßt eine äußerst zarte und graziöse Gestaltung zu. Ihre Ausführung beruht aber auf einem sehr umständlichen und schwierigen Verfahren, wobei nur kleine Stückchen von ca. 10 ᵐ Ausdehnung ausgeführt werden können, die alsdann nach ihrer Vollendung zu einem zusammenhängenden Ganzen aneinandergefügt werden müssen, weshalb bei der Komposition der Spitzenmuster notwendig auf die Möglichkeit einer unbemerkbaren Zusammensetzung der einzelnen Teile Rücksicht genommen werden muß. Die geschätzteste der genähten Spitzen ist die venetianische Reliefspitze, bei welcher alle Blätter, Blumen etc. erhabene Ränder zeigen. Eine noch höhere Stufe dieser Spitzengattung wird in Arbeiten mit hochaufgestellten Blättern erreicht Fig. 7 u. 8. Die Technik der geklöppelten Spitzen oder Kissenspitzen (dentelles) besteht in kunstvollem Verknüpfen und Verflechten von Fäden nach einem durchdachten Systeme. Bezüglich der Feinheit dieser Klöppelspitzen gibt es bedeutende Gradverschiedenheiten, welche auf die Schwierigkeit der Ausführung, wie auf die Kostbarkeit derselben von größtem Einflusse sind.

Das Spitzen-Ornament schließt sich dem übrigen Renaissance-Ornament vollständig an, mit der Beschränkung, daß hier natürlich Pflanzenmotive entschieden vorwiegen, obgleich auch bildliche Darstellungen, Vögel und dergl. keineswegs fehlen.

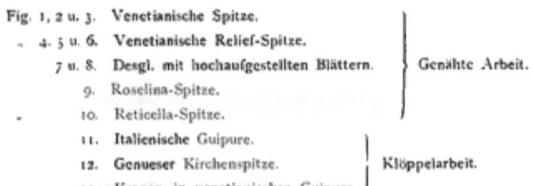

Fig. 1, 2 u. 3.	Venetianische Spitze.	
„ 4, 5 u. 6.	Venetianische Relief-Spitze.	
„ 7 u. 8.	Desgl. mit hochaufgestellten Blättern.	Genähte Arbeit.
„ 9.	Roselina-Spitze.	
„ 10.	Reticella-Spitze.	
„ 11.	Italienische Guipure.	
„ 12.	Genueser Kirchenspitze.	Klöppelarbeit.
„ 13.	Kragen in venetianischer Guipure.	

Diese aus dem 16. u. 17. Jahrhundert stammenden Spitzenmuster sind nach Kopien reproduziert, welche in der von der k. k. österreichischen Staate zur Ausbildung von Spitzenlehrerinnen errichteten Zentral-Spitzen-Schule zu Wien in meisterhafter Weise gefertigt und durch Vermittelung der bekannten aus dem Erzgebirge stammenden Spitzen-Firma „A. Kliegl & Sohn. Kgl. Hoflieferanten in Stuttgart" für unsere Publikation zur Verfügung gestellt wurden.

SPITZEN-TECHNIK.

H. Dolmetsch.

ORNAMENTENSCHATZ. VERL. ‹. JUL. HOFFMANN, STUTTGART.

STICKEREI UND TEPPICHWEBEREI.

ITALIENISCHE RENAISSANCE.

STICKEREI und TEPPICHWEBEREI.

Prachtliebend, wie die Zeit der Renaissance war, verfehlte sie nicht, dieser Neigung Ausdruck zu verleihen in der Herstellung kunstvoll gestickter Gewänder, Teppiche u. s. w. Namentlich die Kirchen wurden mit solchen reich ausgestattet. Die Stickerei, entweder Applikationsstickerei oder Plattstickerei, letztere oft erhaben, reliefartig, entnahm ihre Motive denselben Quellen, wie die bisher behandelten Kunstzweige, und verband mit dem blofsen Ornament auch eigentliche Bilder, namentlich in Medaillonform.

Die Teppichweberei, sofern sie nicht Bildweberei ist, sondern geometrische oder vegetabilische Zeichnung verwendet, schliefst sich im wesentlichen an byzantinische und orientalische Vorbilder an.

Dafs auch hier mit Vorliebe leuchtende Farben auftreten, namentlich dafs bei den Stickereien überall Gold benutzt wird, entsprach der sonstigen Neigung zum Prunkvollen.

Fig. 1. Stickerei auf einem Kirchenmantel in S. Croce zu Florenz.
(Einst im Besitze des Erzbischofs Rasutini in Pisa, † 1582.)

„ 2. Gesticktes Samtdeckchen im Museum vaterländischer Altertümer in Stuttgart.

„ 3. Gestickte Samtbordüre von einem Mefsgewande daselbst.

„ 4. Applikationsstickerei in Seide von einem Mefsgewande daselbst.

„ 5. Reliefstickerei in Gold auf Seide von einem Mefsgewande daselbst.

„ 6 u. 7. Applikationsstickereien in Seide auf Damastgrund.

„ 8. Teppichborte von einem Venetianer Bilde in Verona.

„ 9. Desgl. von einem Gemälde des Paolo Giolfino im Museum daselbst.

„ 10. Desgl „ „ „ des Moroni in der Pinakothek zu München.

Fig. 1. Nach Aufnahme des Zeichenlehrers Fd. Bock in Ravensburg gezeichnet von G. Werner daselbst.
„ 2—5. Aufgenommen vom Zeichner Haaga in Stuttgart.
„ 6 u. 7 aus: „Dupont-Auberville, l'ornement des tissus."
„ 8—10 aus: Jul. Lessing, Altorientalische Teppiche."

ITALIENISCHE RENAISSANCE.

SGRAFFITEN, MARMOR-EINLAGEN und FLACHRELIEFS.

Das Sgraffito-Ornament ist nicht als blofses Flachornament zu betrachten, denn gröfstenteils liegt in ihm das Bestreben, plastische Zier durch Zeichnung nachzubilden, wobei ihm jedoch nur die Farbtöne schwarz, weifs und das durch Schraffierung zu erreichende Grau zur Verfügung stehen.

Die Technik des Sgraffito beruht darauf, dafs die zu verzierende Fläche mit dunkel gefärbtem Mörtel bedeckt und dieser wieder mit Kalkmilch übertüncht wird. Die gewünschten Zeichnungen entstehen sodann dadurch, dafs die obere weifse Schichte so weit als nötig mittelst eiserner Griffel entfernt wird, so dafs der dunkle Grund zum Vorschein kommt. Durch diese einfache Darstellungsweise behält das Sgraffito im Gegensatze zu gemalten und eingelegten Ornamenten mehr zeichnerischen Charakter, dessen ungeachtet können aber durch mafsvolle Verteilung von Hell und Dunkel Kompositionen erreicht werden, deren Wirkung oft eine grofsartige und reiche ist.

An den Sgraffitofassaden treten die plastischen Gliederungen meist nur spärlich auf, denn oftmals ist sogar das Hauptgerippe der Architektur mittelst der Sgraffitotechnik zum Ausdruck gebracht.

Bei Fufsböden treten in der Renaissance neben den linearen Mosaikverzierungen, wie solche ganz ähnlich in der altchristlichen und mittelalterlichen Zeit vorkommen, die Marmorintarsien und Marmorniellen auf. Bei den ersteren werden die ausgeschnittenen Marmorteile in den entsprechend vertieften Grund eingelegt, während bei letzteren die vertieften Stellen mit schwarzer oder roter Stuckmasse oder auch mit Metall ausgefüllt sind. In den Farben sind diese Bodendekorationen immer einfach gehalten, während sie in der Zeichnung oft über die Grenzen des Erlaubten hinausgehen, so im Dome zu Siena, dessen berühmter Fufsboden reich figurierte geschichtliche Darstellungen oft mit perspektivischen Architekturen zur Schau trägt.

Flachreliefs werden meist ohne Zuhilfenahme farbiger Gegensätze blofs durch einen aufgerauhten Grund, über welchen sich das glatt bearbeitete Ornament nur wenig erhebt, hergestellt.

Fig. 1. Sgraffito an einem Hause in Rom, Via Giulia Nr. 82.
    2. „ „ „ „ „ Via dei Coronari Nr. 148.
    3. „ „ „ „ „ Vicolo Calabraga Nr. 31 u. 32.
    4. „ „ „ „ „ Vigna alla via Porta S. Sebastiano Nr. 27.
  5. u. 6. „ „ „ „ „ Borgo al vicolo del Campanile Nr. 4.
    7. Eingelegte Marmorarbeit am Fufsboden des Domes zu Siena.
8 u. 9. „ „ von einer Grabplatte in San Giovanni e Paolo zu Venedig.
  10. „ „ „ „ in Sta. Croce zu Florenz.
  11. „ „ „ „ „ in der Frari-Kirche zu Venedig.
12 u. 13. Flachreliefs von Grabplatten in Sta Maria del Popolo zu Rom.
14 u. 15. „ vom Grabdenkmale des Vendramin in San Giovanni e Paolo zu Venedig.

Fig. 10—13 aufgenommen von H. Dolmetsch.
    Das Übrige entnommen aus:
    „Jannoni & Maccari, Saggi di architettura e decorazione italiana. Graffiti e chiaroscuri."
    „Meurer, italienische Flachornamente."

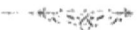

K. Schaupert fec.

H. Dolmetsch.

SGRAFFITEN, MARMOREINLAGEN UND FLACHRELIEFS.

WAND- u. DECKEN-MALEREI.

ORNAMENTENSCHATZ

VERL. · JUL. HOFFMANN, STUTTGART.

ITALIENISCHE RENAISSANCE.

WAND- und DECKENMALEREI.

Am schönsten und edelsten stellt sich die dekorierende Wand- und Deckenmalerei der Hochrenaissance dar in den Werken Rafaels und seiner Schule, so besonders in den Loggien des Vatikans. Rühren hier auch die Malereien zum grofsen Teile nicht von seiner Hand her, so sind sie doch von seinen Schülern nach seinen Angaben und in seinem Sinne ausgeführt. Es läfst sich dabei nicht verkennen, dafs von grofsem Einflufs, namentlich für die Verbindung von Stuck und Malerei, die damals entdeckten Titus-thermen in Rom waren; allein sie reizten ihn nicht nur zur Nachbildung, sondern regten ihn hauptsächlich zur Schöpfung immer neuer und wechselnder Motive für Figuren, Guirlanden u. s. w. an. Und so bieten sich im Vatikan dem Beschauer in grofsartiger Fülle Malereien dar, bei denen das Verhältnis von Figur und Ornament, von Dekoration und Architektur und namentlich der Farben zu einander in feinster Weise zur Geltung kommt. — Bemerkenswert ist das Vorherrschen sekundärer Farben. (Fig. 2.)

Von einem Schüler Rafaels rühren auch die Malereien im Palazzo Doria in Genua her. Stehen sie auch nicht auf gleich hoher Stufe, wie die Rafaelischen Werke, so sind sie doch in ihren Einzelnheiten durchaus schön und beweisen namentlich einen äufserst glücklichen Sinn für die Zusammenstellung der Farben. —

Über die zur Anwendung kommenden Motive, vergl. das zu Tafel 45 ff. Bemerkte.

Fig. 1. Deckenmalerei im Palazzo Doria zu Genua.

„ 2. Pilasterverzierung aus den Loggien des Vatikans zu Rom.

„ 3 u. 4. Füllungen in einer Fensternische im vatikanischen Museum daselbst.

Fig. 1. Nach einer Originalaufnahme des Reg.-Baumeisters Borkhardt in Stuttgart.
Das Übrige entnommen aus:
„Letarouilly, Le Vatikan et la basilique de St. Pierre de Rome."

ITALIENISCHE RENAISSANCE.

MANUSKRIPTMALEREI, WEBEREI und MARMORMOSAIK.

Von einschneidendster Bedeutung für die Manuskriptmalerei war die Erfindung der Buchdruckerkunst: denn weil die Herstellung von litterarischen Erzeugnissen eine leichtere und einfachere wurde und damit auch der äußere Wert sich bedeutend ermäßigte, so wurde auch auf die künstlerische Ausschmückung durch Malerei viel weniger Mühe verwendet, vollends da die neu erfundene Kunst auch die Mittel zur Herstellung schöner Initialen und Titelblätter an die Hand gab. Dennoch finden wir selbst in jener Zeit noch Manche als Manuskriptmaler thätig: denn einmal erstreckt sich das Bücherdrucken in der Zeit der Renaissance noch nicht so allgemein auf alle Zweige der Litteratur, und dann liebte man selbst bei gedruckten Werken doch ein mit der Hand ausgeführtes Titelblatt oder in besonderer Weise verzierte, namentlich buntfarbige Anfangsbuchstaben. Aus diesem Grunde bietet uns jene Zeit noch viele Beispiele schöner Manuskriptmalerei, die oft ein buntes Gemisch antiker, mythologischer und christlicher Motive bieten. Die Pflanzenarabesken, wie die Blätter und Blumen der Initialen, lassen weniger naturalistische als konventionell stylisierte Formen erkennen.

Entschieden naturalistisch gehalten sind sie dagegen bei den vielen mit höchster Sorgfalt und unendlichem Fleiß ausgeführten Mosaikarbeiten, die aus kleinen und größeren Marmorstückchen der verschiedensten Farben zusammengesetzt sind. Mit solchen Verzierungen schmückte man Tischplatten, Schränke u. s. w. In Florenz wird heute noch diese Technik mit Erfolg betrieben.

Am meisten Verwandtschaft mit dem Hergebrachten aus früherer Zeit zeigte die Weberei, welche zwar dem Einfluß des Neuen sich nicht entzog, aber doch mit Vorliebe auf orientalische Muster zurückging. Vergl. Taf. 51.

Fig. 1—6. Malereien aus verschiedenen Manuskripten.
" 7. Samt-Stoff im Museum vaterländischer Altertümer in Stuttgart.
" 8. Bordüre von einem Seidenstoffe.
" 9. Marmormosaik von einem Tische im Nationalmuseum zu München.

Fig. 4. Aufgenommen von Reg.-Baumeister Borkhardt in Stuttgart.
" 7 u. 9. Aufgenommen von Zeichner P. Haaga daselbst.
Das Übrige entnommen aus:
„Humphreys u. Owen Jones, the illuminated Books."
„Wyatt, the art of Illuminating as penetised in Europe from the earliest times."
„Dupont-Auberville, L'ornément des tissus."

H. Dolmetsch.

ORNAMENTENSCHATZ. VERL. + AUL. HOFFMANN STUTTGART

MANUSKRIPTMALEREI, WEBEREI UND MARMORMOSAIKEN.

ITALIENISCHE RENAISSANCE.

MAJOLIKA-MALEREI.

Höchst wahrscheinlich stammt der Name Majolika her von der Insel Majorka, wo die Thonbildnerei namentlich von den Mauren in grofsem Umfang betrieben wurde und von wo diese Kunst sodann nach Italien verpflanzt wurde. Man pflegt gegenwärtig unter Majolika alle feineren und mit gröfserer Sorgfalt als die gewöhnlichen Töpferwaren ausgeführten Fayencegegenstände zu verstehen, d. h. solche, welche im wesentlichen aus gewöhnlichem Thon hergestellt und mit einer undurchsichtigen Glasur und mit Farben überzogen sind. Das technische Verfahren war ein doppeltes: entweder wurde das Geschirr aus Thon (terra cotta), nachdem es seine bestimmte Gestalt erhalten, gebrannt, sodann wurde es in die flüssige Zinnglasur, welche nicht durchscheinend ist, eingetaucht und sogleich bemalt und durch ein nochmaliges Brennen fertig gestellt, oder aber, weil das genannte Verfahren lange Zeit Geheimnis einzelner Meister blieb, half man sich auf folgende Weise: man überzog den rohen Thongegenstand mit einer dünnen Schichte von weifsem Pfeifenthon, welcher dann erst die (durchscheinende) Bleiglasur erhielt. Als Erfinder der Zinnglasur gilt Lucca della Robbia, welcher gegen Ende des XV. Jahrhunderts hiemit einen totalen Umschwung in der Fayencetechnik zuwege brachte. Eine besondere Berühmtheit haben die zahlreichen aus dieser Künstlerfamilie hervorgegangenen prächtigen Reliefs erlangt.

Die italienischen Majolikaarbeiten der Renaissancezeit erregen heute noch unsere gerechte Bewunderung, nicht allein wegen der edlen Formen, die bei den mancherlei Gefäfsen zu Tage treten, sondern hauptsächlich auch wegen der Malereien, von denen sie bedeckt sind. Meister in ihrem Fache waren jene Thonbildner und Thonmaler, und wenn auch manche wegen des grofsen Absatzes ihrer Erzeugnisse sich zu mehr handwerksmäfsiger Fabrikation verleiten liefsen, so spricht doch aus allen diesen Gegenständen ein feines Gefühl für künstlerische Form und edle Schönheit.

Bei den Farben herrschen, wie schon früher bemerkt, blau, grün, gelb, orange und violett vor. Manche Gefäfse weisen auch reichen perlartigen Lüster, andere Stücke besonders das sonst seltene Rot u. s. w. auf: Kennzeichen, welche auf einen bestimmten Meister oder eine bestimmte Fabrik schliefsen lassen.

Dargestellt wurden auf solchen Platten, Tellern u. s. w. nicht blos Ornamente, Rankenwerk, einzelne Figuren u. dergl., sondern sogar Kopien oder freie Umbildungen ganzer Bilder und Gemälde bedeutender Meister und zwar mit Vorliebe oft so, dafs diese bildlichen Darstellungen das ganze Gefäfs, den Rand der Platten u. s. w. bedeckten.

Fig. 1. Untere Endigung eines Madonnenreliefs von der Schule der Robbia.
   " 2. Flächenmuster am Sakristeibrunnen in der Kirche St. Maria novella in Florenz.
   " 3—5. Randverzierungen an Platten aus der Fabrik zu Faenza.
   " 6. Bauchverzierung an einer Henkelvase von dorten.
   " 7—9. Profilverzierungen an einer Vase von dorten.
   " 10. Profilverzierung an einem Schreibzeug von dorten.
   " 11—13. Randverzierungen an Platten von dorten.
   " 14—19. desgleichen an Platten aus der Fabrik zu Chaffagiolo.
   " 20.   "   "   "   " Gubbio.
   " 21—23.   "   "   "   " Urbino.
   " 24—27. Diverse Gefäfse   "   "   "
   " 28. Platte   "   " Pesaro.
   " 29. Randverzierung an einer Platte   "

Fig. 1, 21, 22, 24—27 nach den im Bargello zu Florenz befindlichen Originalen, aufgenommen von Regierungs-Baumeister Borkhardt in Stuttgart.
Fig. 2 von Bauinspektor Knoblauch in Tübingen.
Das Übrige entnommen aus: 1) „Darcel, Recueil de faïences italiennes des XV., XVI. et XVII. siècles."
2) „Waring, Art treasures of the United-Kingdom."

ITALIENISCHE RENAISSANCE.

PLASTISCHE ORNAMENTE in MARMOR und BRONZE.

Einen in früheren Zeiten nie gekannten Aufschwung nahm die Marmorskulptur. Dabei unterscheiden sich Hochrenaissance und Frührenaissance in der Richtung, dafs die erstere starke Unterschneidungen des Blumen- und Rankenwerks, sowie des figürlichen Elements liebte.

Die Kapitäle zeigen, namentlich in der Frührenaissance, eine nahe Verwandtschaft mit solchen der korinthischen Ordnung; aber an die Stelle der Voluten treten jetzt vielfach pflanzliche Gebilde, am häufigsten jedoch Delphine, Drachen, Füllhörner u. s. w. Gerade in diesem Punkte tritt der schöpferische Reichtum der Renaissance so recht zu Tage. Auch an figürlicher Ausschmückung der Kapitäle ist kein Mangel. Dagegen tritt das Akanthusblatt spärlicher, gewöhnlich nur in einer Reihe auf. — Mit der Hochrenaissance beginnt dann eine Zeit engeren Anschlusses an die antiken Ordnungen, die in dieser Periode sämtlich wieder zur Geltung kommen.

Fast gar keine Schranken hinsichtlich der Modellierung kannte die Bronzetechnik, was eine unmittelbare Nachbildung der Natur zur Folge hatte, besonders bei vegetabilischem Schmucke.

Fig. 9.

Wie die Kunstblüte auch auf gewöhnliche Gegenstände in hohem Mafse eingewirkt hat, zeigen die beiden prächtigen Thürklopfer.

Fig. 1. Thürsturz mit Fries aus Marmor im Palazzo ducale zu Urbino. XV. Jahrhundert.

„ 2. Fries an einem Marmor-Kamin daselbst.

„ 3. Consolkapitäl in Marmor aus der Kirche Fonte Giusta in Siena. XV. Jahrhundert (Ende).

„ 4. Fries an einem Grabmal.

„ 5. Thürumrahmung aus Bronze von der Thüre des Ghiberti am Baptisterium zu Florenz.

„ 6. Lisenenfüllung in Marmor vom Altare in der Kirche Fonte Giusta in Siena.

„ 7 u. 8. Thürklopfer aus Bronze.

„ 9. Säulenkapitäl vom Portale an der Badia in Florenz.

Fig. 1.—8. Nach photographischen Aufnahmen, gezeichnet von den Architekten Lambert und Stahl in Stuttgart.

„ 9. „ Herdtle, „Die Bauhütte".

H.Dolmetsch

PLASTISCHE ORNAMENTE IN MARMOR UND BRONCE.

VERL · JUL HOFFMANN · STUTTGART.

WAND- UND DECKEN-MALEREI.

VERL. v. JUL. HOFFMANN, STUTTGART.

ITALIENISCHE RENAISSANCE.

WAND- und DECKENMALEREI.

Ungefähr mit dem Jahre 1540 beginnt die Zeit der sog. Spätrenaissance. Ihre Eigentümlichkeiten auf dem Gebiete der verzierenden Malerei bringen namentlich die Fig. 1 und 9—11 zur Anschauung. Es ist nicht mehr derselbe Reiz und die gleiche Anmut, wie bei den Schöpfungen der Früh- und Hochrenaissance; sondern ein kühler, mehr berechnender Zug geht durch alles hindurch. Die schöne harmonische Verbindung des Figürlichen mit dem Vegetabilischen, auch das fein abgewogene Verhältnis der Farben zu einander ist einigermafsen im Schwinden begriffen. Ernüchternd wirken besonders die vielen weifsen Flächen. Das Pflanzenornament wird weniger durchgebildet; an seine Stelle treten vielfach Elemente, aus welchen sich die sog. Kartuschen später herausgebildet haben, und die meisten Figuren zeichnen sich durch ihre künstliche Komposition nicht gerade vorteilhaft aus. Auch bei der Verteilung des Ornaments auf der zu verzierenden Fläche wird keineswegs die Vortrefflichkeit der vorhergehenden Kunstepoche auf diesem Gebiete erreicht.

Vgl. auch Tafel 45.

Fig. 1. Bogenfeld aus dem herzoglichen Saale im Vatikan zu Rom.

„ 2—5. Einzelheiten aus den Raffael'schen Loggien daselbst.

„ 6. Gewölbefeld über der Brunnenhalle der Villa di Papa Giulio zu Rom.

„ 7 u. 8. Plafond-Bordüren in derselben Villa.

„ 9 u. 10. Pilasterfüllungen aus einer Kapelle in S. Maria Aracelli zu Rom.

„ 11. Bogenfüllung vom Kreuzgange des Klosters S. Maria sopra Minerva zu Rom.

Aufgenommen von H. Dolmetsch.

ITALIEN. UND FRANZÖS. RENAISSANCE.

EDELMETALLE MIT EMAIL.

Bei den Edelmetallarbeiten handelt es sich teils um solche Gegenstände, welche aus edlen Metallen hergestellt, durch kostbare Steine, Perlen, Email noch in besonderer Weise verziert wurden (z. B. Schmuckgegenstände), teils um solche, bei welchen irgend ein seltenes Mineral, wie Lapislazuli, Onyx u. dergl., oder eine schöne Glasform durch Anbringung von Henkel, Fuß, Deckel u. s. w. zum Prachtgefäß oder Prachtgeräte gebildet wurde. Für beide Arten war um die Mitte des 16. Jahrhunderts der tonangebende Meister Benvenuto Cellini.

Die Farben sind in ihren Zusammenstellungen harmonisch gewählt. Eine Fülle edler Linien und schöner Formen darzustellen, dazu boten besonders die Henkel und Deckel der edlen Gefäße reiche Gelegenheit. Pflanzen, Tiere, Menschen, oft in den wunderbarsten Zusammensetzungen, überwiegen in ihrer Anwendung weit gegenüber dem rein geometrischen Ornament.

Die französische Renaissance schließt sich im großen und ganzen, wenigstens im 16. Jahrhundert, bei solchen Edelmetallarbeiten dem italienischen Stil an, vorzüglich auch deswegen, weil gerade italienische Künstler es waren, die in Frankreich den neuen Stil zur Geltung brachten. Letzteres ging natürlich im Geburtslande der Gotik langsam von statten und daher kommt es auch, daß man vielfach Anklänge an den gotischen Stil findet, oder daß da, wo man sich von demselben losgerissen, eine ziemliche Willkür anzutreffen ist.

Fig. 2 u. 3. Nach Aufnahmen des Reg.-Baumeisters Borkhardt in Stuttgart.

„ 10, 13, 14 u. 19. Nach Aufnahmen des Fabrikanten C. Baur in Biberach.

Das Uebrige entnommen aus:

Dalhos, le trésor artistique de la France.

Daly, revue général de l'architecture et des travaux publics.

Laborte, histoire des arts industriels au moyen âge et à l'époque de la renaissance.

H. Dolmetsch.

EDELMETALLARBEITEN MIT EMAIL.

Holmeisch.

TYPOGRAPHISCHE VERZIERUNGEN.

FRANZÖSISCHE RENAISSANCE.

TYPOGRAPHISCHE VERZIERUNGEN.

Französische Buchdrucker, namentlich in Paris und Lyon, waren schon gegen das Ende des 15. Jahrhunderts wegen der Sorgfalt und Schönheit ihrer Drucke hochberühmt. Eigene Wege bei Anwendung der Initialen und Randleisten u. s. w. schlugen sie jedoch erst ein, als der um die französische Bücherornamentik hochverdiente Tory durch Darbietung selbsterfundener Verzierungen seine Landsleute von der sklavischen Gebundenheit an italienische Muster befreite. Noch lange, bis ins 16. Jahrhundert hinein, hing man nämlich an den gotischen Formen, und als dann die Grossen des Reichs mit der italienischen Renaissance durch Reisen oder fremde Künstler bekannt geworden waren, da hatte sich wegen des starren Festhaltens an dem Alten noch kein spezifisch französisches Renaissanceornament bilden können, und man war fast durchweg auf italienische (und deutsche) Vorbilder angewiesen (Fig. 1). Ungefähr seit 1520 trat nun jener Umschwung, durch Tory herbeigeführt, ein. Seine Ornamente, meist Blumen und Blätterranken, mitunter in Verbindung mit Figürlichem, sind einfache Linien, bei Initialen meist weiss auf schwarzem Grunde (Fig. 2) und nicht schattiert. Darin schliesst er sich dem italienischen Gebrauch an. — Nach seinem Tode lebten seine Kunstweise und seine Formen noch lange fort.

Nichtsdestoweniger übte Italien fortwährend einen gewissen Einfluss aus: Das beweisen uns die Kindergestalten, das zeigen uns Anfangsbuchstaben, die geradezu von italienischen Meistern entlehnt sind (Fig. 14).

Die Zierlichkeit und Leichtigkeit des französischen Renaissanceornaments tritt uns besonders bei Fig. 9—11 entgegen, wo wir übrigens an arabische Ornamente erinnert werden, wie bei Fig. 2 an gotische. Fig. 6 und 12 bietet Akanthus in eleganter Anwendung.

Wie die Titelblätter der Bücher oder überhaupt ganze Seiten geschmückt wurden, zeigt Fig. 4.

Fig. 1. Buchstabe aus der Zeit Ludwigs des XII. von Tory.
"   2.   "   "   "   "   Franz   I.   "   "   "
"   3.   "   "   "   "   "   "   "   von Claude Garamont.
"   4. Kartusche   "   "   "   Heinrichs des II.   "   Jean Goujon.
"   5. Buchstabe   "   "   "   "   "   "
"   6.   "   "   "   "   "   "   "   aus Salomon Bernard's Schule.
"   7 u. 8.   "   "   "   "   "   "   "
"   9—11. Umrahmungen aus der Zeit Heinrichs des II.   von Petit Bernard.
"   12. Buchstabe   "   "   "   Heinrichs des III.   "   Johann Tornesius.
"   13.   "   "   "   "   Heinrichs des IV.
"   14.   "   "   "   "   Ludwigs des XIII.
"   15. Schlussverzierung aus der Zeit Ludwigs des XIII.

Fig. 15.

FRANZÖSISCHE RENAISSANCE.

MODELDRUCKEREI und STICKEREI.

Unter Modeldruckerei verstehen wir das Bedrucken eines Stoffes mit einer gewissen, sich wiederholenden Zeichnung, resp. das Einpressen einer solchen. Bei Fig. 1, 2, 4 ist sie stark reliefartig hervorgehoben, während bei Fig. 3 die Umrisse nur schwach über den Grund heraustreten.

Die etwas derbe Behandlung des Akanthusblattes in 1 und 4, die willkürliche Anordnung der Dekoration in Fig. 1 und die Ueberfüllung in 1—3, weisen sofort auf die späte Zeit der Entstehung dieser Zeichnungen hin, während die einfache und im Vergleich mit den übrigen Ornamenten edel gehaltene Stickerei viel stärker den Zusammenhang mit der Antike verrät.

Fig. 1, 2 u. 4. Muster in Reliefdruck, XVII. Jahrhundert.

„   3. Muster in Flachdruck, XVII. Jahrhundert.

„   5. Bordüre an einem gestickten Teppich im Musée du Louvre, XVI. Jahrhundert.
Das Grundmuster dieses Teppichs folgt auf Tafel 64.

Bei sämtlichen Figuren hat die gelbe Farbe gold zu bedeuten. Bei Fig. 3 tritt im Originale anstatt der roten Farbe grau-violett auf.

Fig. 4 nach einem im Besitze des Verfassers befindlichen Originale. Das übrige entnommen aus:
Lièvre, les arts décoratifs à toutes les époques.

H. Dolmetsch.

ORNAMENTENSCHATZ. VERL. - JUL. HOFFMANN, STUTTGART.

MODELDRUCKEREI UND STICKEREI.

FRANZÖSISCHE RENAISSANCE.

TEPPICH-MALEREI.

Aus der Zeit der Gotik wurde die Vorliebe für teppichartige Bemalung der Wohnräume herüber-genommen in die Periode der Renaissance. Doch schlägt gerade hier, trotz mannigfachen Zurückgreifens auf antike Formen, die gotische Ueberlieferung sehr oft durch, oder aber sind es wieder orientalische Anklänge (vergl. Fig. 2. u. 7), welche die Ausbildung einer reinen Renaissance hindern.

Die Bemalung wurde gewöhnlich in der Art ausgeführt, dass etwa die zwei unteren Drittel der Wände mit einem volleren und schwereren, der obere Teil dagegen mit einem einfacheren und leichteren Muster bedeckt war (vergl. Fig. 3 u. 4). Wo Rankenwerk vorkommt, ist es fast immer stark stilisiert; eine grosse Rolle im Ornament spielen die Namenszüge (Anfangsbuchstaben) der Herrscher, sowie Kronen und das königliche Abzeichen von Frankreich, die Lilie. — Bei den Farben sind gebrochene Töne beliebt. Gold ist häufig verwendet.

— — — —

Fig. 1—9. Gemalte Teppichmuster im Schlosse zu Blois aus der Zeit Franz I.

(Fig. 6 wurde aus Versehen verkehrt gezeichnet.)

Entnommen aus:

Le Naïl, Le château de Blois.

FRANZÖSISCHE RENAISSANCE.

PLASTISCHE VERZIERUNGEN in STEIN und HOLZ.

Reiner von fremden Bestandteilen als auf andern Gebieten zeigt sich die französische Renaissance in der Plastik. Fein und edel tritt namentlich in der ersten Zeit das Ornament bei Flach- und Hochreliefs auf. Es ist da fast ausnahmslos Mischornament, bei welchem die Kartuschen (Umrahmungen) mit ihren zu mannigfaltigster Gestaltung reizenden Formen eine wichtige Rolle spielen. In der Frührenaissance sind die Kartuschen noch ziemlich einfach gehalten, werden aber mit der Zeit reicher und mit kräftigeren Einrollungen gebildet. — Wie bei der italienischen Renaissance ist das Akanthusblatt besonders beliebt, das je nach der Zeit eine leichtere oder derbere Behandlung erfährt.

Die Pilaster und Säulen tragen an ihren Schäften reichen Schmuck; die Kapitäle weisen oft eigentümliche Kompositionen auf, welche zwar mitunter überladen sind, aber auch nicht selten einer gewissen Zierlichkeit keineswegs entbehren.

Fig. 1. Pilasterkapitäl von einem Kamin im Hotel Lasbordes zu Toulouse (Franz I.).
  „ 2. Geschnitzte Füllung am Wandgetäfer der Galerie Franz I. im Schlosse zu Fontainebleau.
  „ 3. Geschnitztes Füllungsornament von einer Thüre im Justizpalaste zu Dijon (Franz I. bis Heinrich II.).
  „ 4. Wulstverzierung in der Kapelle des Schlosses zu Anet (Heinrich II.).
  „ 5. Verzierung einer Fensterumrahmung am Louvre zu Paris (Heinrich II.).
  „ 6. Holzrosette aus der Galerie Heinrichs II. im Schlosse zu Fontainebleau.
  „ 7. Rosette von einem Kamin im Schlosse zu Anet (Heinrich II.).
  „ 8. Herme aus dem Hotel d'Assezat zu Toulouse (Heinrich II.).
  „ 9. Füllung an einem Kamin im Museum des Hotel de Cluny zu Paris (Heinrich II.).
  10. In Holz geschnitzte Füllung an einer Thüre der Kapelle beim Schlosse zu Anet (Heinrich II.).
  11. Kapitäl vom Baptisterium Ludwigs XIII. im Schlosse zu Fontainebleau.

Nach Photographien, sowie nach:

Sauvageot, palais, châteaux, hôtels et maisons de France du XV. au XVIII. siècle.
Daly, motifs historiques d'architecture et de sculpture d'ornement.
Pfnor, monographie du Chateau d'Anet.
    „   „   Palais de Fontainebleau.

Dolmetsch

PLASTISCHE VERZIERUNGEN IN STEIN UND HOLZ.

H. Dolmetsch.

ORNAMENTENSCHATZ. VERL. v. JUL. HOFFMANN, STUTTGART.

DECKENMALEREI.

FRANZÖSISCHE RENAISSANCE.

DECKENMALEREI.

Bei dieser Tafel kommen nur Balkendecken in Betracht, deren Charakter durch die angebrachte Malerei durchaus gewahrt wird. Jeder einzelne Balken erhält eine besondere Bemalung; mehrere zusammen bilden sodann ein Muster, das sich regelmäßig wiederholt (Fig. 1, 3, 5). Die Seitenflächen der Balken sind in der Regel nur eintönig gehalten. Besonders reichen Schmuck erhalten an den Seiten und an der unteren Fläche die Unterzugbalken (Fig. 2, 4 u. 6—8).

Das vegetabilische Ornament zeigt teilweise ein entschiedenes Zurückgehen auf das Altertum; auch das figürliche Element ist häufig angewendet.

Fig. 1 u. 3. Bemalte Holzbalkendecken im Schlosse zu Blois (Franz I.).
  „ 2 u. 4. Bemalte Unterzugbalken an denselben Decken.
      5. Bemalte Holzbalkendecke im Schlosse zu Wideville (Ludwig XIII.).
  „ 6, 7 u. 8. Bemalte Unterzugbalken an derselben Decke.

Entnommen aus:
Daly, Motifs historiques d'architecture et de sculpture d'ornement.
Le Nail, Le château de Blois.

FRANZÖSISCHE RENAISSANCE.

WEBEREI, STICKEREI und BUCHEINBANDE.

Bei den Bucheinbänden, auf welche man eine grofse Sorgfalt namentlich bei Büchern mit bedeutenderem Inhalt zu verwenden pflegte, ist die Art der Verzierung eine doppelte: entweder bedeckte ein fortlaufendes Muster die Flächen der Buchdecke und nur die Ecken sind in besonderer, oft prachtvoller Weise ausgezeichnet, vielleicht ist auch noch ein Mittelschildchen angebracht; oder bildet das Ornament ein mannigfach gegliedertes Ganzes, bei welchem Rankenwerk und geometrische Elemente abwechseln. Das Mittelschildchen mit Bibliothekzeichen, Buchtitel, oder Namen des Besitzers kommt auch hier gewöhnlich vor. Fig. 4 u. 5 geben ein Bild der ersteren Art: Fig. 6 u. 7 der letzteren, wo jedoch eine etwas allzureiche Fülle herrscht. — Das Ornament ist in der guten Zeit bei derartigen Arbeiten fast nur als Flachornament behandelt.

Entnommen aus:

Dupont-Auberville, L'ornement des tissus.
Libri, Monuments inédits.
Lièvre, Les arts décoratifs à toutes les époques.

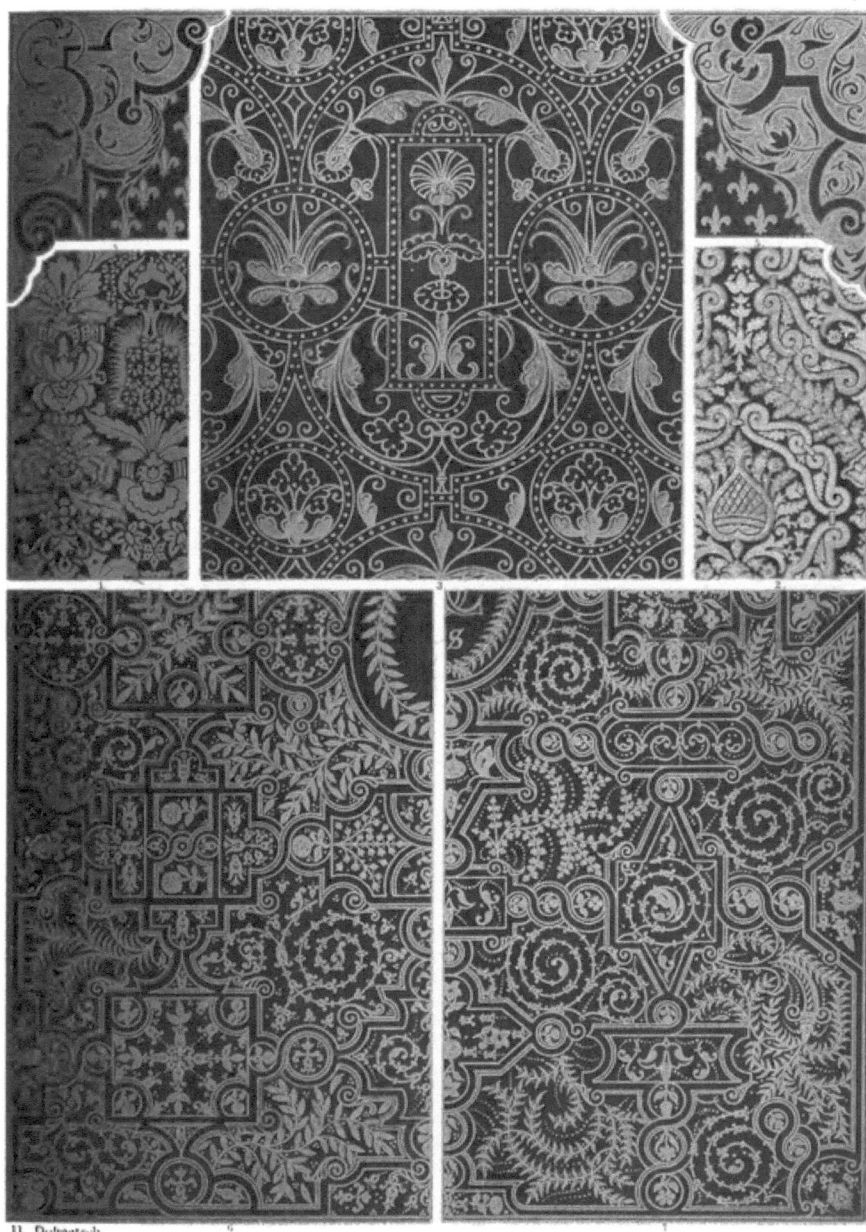

H. Dolmetsch.

H. Dolmetsch.

WANDMALEREI. BEMALTE SKULPTUR. BUCHEINBÄNDE UND WEBEREI

FRANZÖSISCHE RENAISSANCE.

WANDMALEREI, BEMALTE SKULPTUR, BUCHEINBANDE UND WEBEREI.

Auf dieser Tafel kommt der Unterschied der früheren und späteren Renaissance in Frankreich so recht zum Vorschein. Während Fig. 1 und 2 elegante aber maßvolle Bewegung, Fig. 3 und 4 sogar eine gewisse Starrheit der etwas derben Formen zur Schau tragen, ist bei Fig. 8 Alles in Thätigkeit und voll Leben; selbst die Fruchtgewinde scheinen im Winde zu schwanken. Auch die Anordnung und Verbindung der einzelnen Gruppen, wie der übergroße Reichtum an Figürlichem weisen auf eine Zeit hin, wo der Grundsatz weiser Mäßigung nicht mehr so sehr im Vordergrund des künstlerischen Schaffens stand. Dieser Mangel des Maßhaltens tritt auch bei den beiden Buchdecken (Fig. 6 und 7) hervor, welche uns eine andere Verzierungsart als die auf Tafel 64, Fig. 4—7, angegebene vor Augen führen.

Fig. 2—5, 10, 11 lassen uns erkennen, daß bei der Bemalung plastischer Ornamente wenige Farben zur Anwendung kamen, daß aber Gold stets vorherrschte. Letzteres war bei Stuckverzierungen überhaupt oft die einzige Farbe, die höchstens durch einen farbigen Grund noch herausgehoben wurde. (Vergleiche Fig. 10 und 11.)

Fig. 1. Gemalter Fries zu beiden Seiten eines Kamins im Hotel d'Aluie zu Blois. Stil: Louis XII. (I. Hälfte des XVI. Jahrhunderts.)

„ 2. In Holz geschnitzte Füllung aus dem Schlosse zu Gaillon. Stil: Louis XII. (I. Hälfte des XVI. Jahrh.)

3 u. 4. Geschnitzte und bemalte Unterzugs-Füllungen an einer Decke im Assisen-Hofe zu Dijon. Stil: François I. (I. Hälfte des XVI. Jahrh.)

5. Geschnitzte und bemalte Decken-Füllung aus dem Zimmer der Diana im Schlosse zu Anet. Stil: Henri II. (Mitte des XVI. Jahrh.)

„ 6 u. 7. Französische Bucheinbände. (II. Hälfte des XVI. Jahrh.)

„ 8. Gemalte Wandfüllung in der Bibliothek des Arsenals zu Paris. Stil: Henri IV.—Louis XIII. (I. Hälfte des XVII. Jahrh.)

9. Gemalter Wandfries aus dem Schlosse zu Fontainebleau. Stil: Louis XIII. (I. Hälfte des XVII. Jahrh.)

10 u. 11. Bemalte Stuckfriese aus der Galerie des Apollo im Louvre zu Paris (von Berain). Stil: Louis XIV. (II. Hälfte des XVII. Jahrh.)

12. Bordüre von einem Gobelinteppich (von Le Brun). Stil: Louis XIV. II. Hälfte des XVII. Jahrh.

Entnommen aus den Werken:

„Daly, C., Motifs historiques d'architecture et de sculpture d'ornement."

„Guiffrey, histoire générale de la tapisserie."

„Monuments inédits ou peu connus, faisant partie du cabinet de Guillaume Libri,"

„Pfnor, monographie du Palais de Fontainebleau."

„Reiber et Sauvageot, l'art pour tous."

FRANZÖSISCHE RENAISSANCE.

GOBELIN-WEBEREI.

Schon früher ist darauf hingewiesen worden, dafs die teppichartig bemalten Fenster ihre Entstehung dem Gebrauch verdanken, die Lichtöffnungen durch Teppiche zu verhängen; die in gleicher Art behandelten Wandflächen, denen man dadurch ein wohnlicheres und schöneres Aussehen gab, wurden im Laufe der Zeit ebenfalls mit Farben, d. h. mit Bildern oder einfachen Zeichnungen versehen. Allein die Verwendung von Teppichen für solche Zwecke hörte damit nicht auf und besonders vom 16. Jahrhundert an kamen wieder in den Häusern der Grossen jene Teppiche als Wandschmuck zur Geltung, namentlich als die in den Niederlanden gewobenen wollenen Tapeten mit allerlei figürlichen Darstellungen sich den Weltmarkt eroberten und die aus Seide oder Leinwand hergestellten verdrängten. So wurde denn auch in Frankreich unter Ludwig XIV. eine solche Teppichweberei angelegt und zwar in der Fabrik der Gebrüder Gobelin, nach welchen die dort gefertigten Teppiche und dann überhaupt alle dieser Gattung den Namen „Gobelins" erhielten.

Obwohl ihre Herstellung eine überaus schwierige und mühsame ist, so zeigt doch ein Blick auf unsere Tafel, dafs diese Art von Malerei eigentlich weder in den Farben noch in den Formen unüberwindliche Hindernisse findet.

Fig. 1—3. Bordüren an einem Teppich nach Le Brun (gefertigt 1665—72).

„ 4—6. Bordüre von einem Teppich nach Noel Coypel (gefertigt 1670—80).

„ 7. „ „ „ „ des XVI. Jahrhunderts.

Entnommen aus:

„Histoire générale de la tapisserie."

„Guichard et Darcel, les tapisseries décoratives du garde-meuble."

„Daly, revue générale de l'architecture et des travaux publics."

H. Dolmetsch

H. Dolmetsch.

EMAILMALEREI AUF METALL, FAYENCEMALEREI UND METALLEINLAGEN.

ORNAMENTENSCHATZ.

VERL. v. JUL. HOFFMANN, STUTTGART.

FRANZÖSISCHE RENAISSANCE.

EMAILMALEREI AUF METALL, FAYENCEMALEREI
UND METALLEINLAGEN.

Eine hohe Stufe der Ausbildung erreichte zu Limoges die Email- oder Schmelzmalerei. In Fig. 1—10 werden uns nicht nur kleinere und einfachere Goldverzierungen, sondern auch kompliziertes Rankenwerk, ja figürliche Darstellungen in solcher Malerei vor Augen geführt. Für die Wahl der Farben gab es fast keine Beschränkung mehr. Der Unterschied der Erzeugnisse unserer Periode im Vergleich mit denen des Mittelalters besteht hauptsächlich darin, dafs das den Untergrund bildende Metall gar nicht mehr offen zu Tage trat. Am häufigsten finden sich Schmelzmalereien Grau-in-Grau; das Gold ist überall aufgesetzt, und wenn man farbige Darstellungen wollte, so wurde das mittelst halbdurchsichtiger Schmelzfarben erreicht.

Fig. 11 u. 12 bringen zwei Giebelbekrönungen aus Fayence zur Darstellung, welche namentlich bei Palastbauten als Abschluß von Giebeln, Türmen u. s. w. sich grofser Beliebtheit erfreuten.

Von hoher Bedeutung für französische Ornamentik des 16. Jahrhunderts war der Fayencemaler Palissy, von dessen Werken wir in Fig. 13—18 einige Einzelheiten mitteilen. Die Verzierungen seiner Fayencegegenstände sind nicht flach, sondern sie bestehen aus farbenprächtigen erhabenen Darstellungen, voll Wärme und Frische des Tones. Namentlich hat er jene Platten aufgebracht, auf welchen naturgetreu allerlei Getier des Wassers, der Erde und der Luft, Pflanzen und Früchte sich befinden. Aber auch vollständige Bilder verdanken ihm ihre Entstehung. Endlich gehören seine Ornamente, die er in wenigen Farben ausführte, zu den zierlichsten der französischen Renaissance.

Anderthalb Jahrhunderte später als Palissy erwarb sich am französischen Hofe ein Künstler anderer Art eine gewisse Berühmtheit: der Hoftischler Ludwigs XVI., Boule. Er besafs eine besondere Geschicklichkeit darin, irgendwelche Gegenstände mit eingelegter Arbeit zu verzieren. Nach ihm pflegt man Holzarbeiten, die mit verschiedenem Metall, Perlmutter, Elfenbein, Schildpatt, feinen Holzarten u. s. w. ausgelegt sind, als Boule-Arbeiten zu bezeichnen. Fig. 21.

FRANZÖSISCHE und DEUTSCHE RENAISSANCE.

FLACHORNAMENTE VERSCHIEDENER TECHNIKEN.

Einen besonderen Reiz haben die Erzeugnisse der verschiedenen Handwerke aus jener Zeit, da die Kunst an der Verzierung gewerblicher Gegenstände sich lebhaft beteiligte. Waffen, Kästchen, Geräte des täglichen Gebrauchs u. s. w. zeigen den mannigfaltigsten Schmuck, der bei Holz durch Einlage von Elfenbein u. s. w., bei Metall besonders durch Gravierung und Aetzung angebracht wurde.

Zu Fig. 18—21 ist zu bemerken, dafs die sog. Fayencen (auch Henri-Deux-Gefässe nach der Zeit ihrer ungefähren Entstehung genannt) ihren Namen von einem französischen Schlosse haben, wo während der ersten Hälfte des 16. Jahrhunderts diese Thonwaren verfertigt wurden. Ihre Eigentümlichkeit besteht darin, dafs die Ornamente und Figuren niello-artig auf die Oberfläche aufgetragen sind: der Grund wurde wahrscheinlich je nach Bedürfnis entweder durch einen Model oder durch ein Werkzeug vertieft und diese Vertiefungen mit einer meist gelb und braungefärbten Masse ausgefüllt.

Fig. 1. Boulearbeit von einer Wanduhr im Museum vaterländischer Altertümer in Stuttgart (Französisch).

" 2 u. 3. Elfenbeineinlagen in Ebenholz an einem Tische daselbst (Deutsch).

" 4. Holzeinlage von einem Himmelbett im goldenen Saale zu Urach (Deutsch).

" 5 u. 6. Holzeinlage an einer Wandvertiefung im Justizpalast zu Dijon (Franz.).

" 7. Holzeinlage von einem Schranke in Ravensburg (Deutsch).

" 8. Silbereinlage an einem goldenen Humpen in der Schatzkammer des bayr. Königshauses in München (Deutsch).

" 9. Elfenbeineinlage an einer Pistole im Kgl. historischen Museum zu Dresden (Deutsch).

" 10. Flachrelief von einem Himmelbette im goldenen Saale zu Urach (Deutsch).

" 11. Desgl. von einer Holzrahme mit vergoldetem Grunde im Musé de Cluny zu Paris (Franz.).

" 12. Motiv zu einer Aetz- oder Gravierarbeit von Peter Flötner (Deutsch).

" 13. Eisenätzarbeit an einem Vorhängeschlofs aus dem Stift Heiligenkreuz im k. k. österr. Museum f. K. und I. in Wien (Deutsch).

" 14. Eisenätzung an einer Säge im Kgl. historischen Museum zu Dresden (Deutsch).

" 15 u. 16. Bordürchen auf dem Deckel einer vergoldeten Silberkassette von Wenzel Jamnitzer in der Schatzkammer des bayr. Königshauses in München (Deutsch).

" 17. Motiv zu einer Aetz- oder Gravierarbeit (unbekannter deutscher Meister).

" 18 u. 19. Bordürchen an Oiron-Gefässen im Museum des Louvre zu Paris (Franz.).

" 20 u. 21. Flächenmuster an Oiron-Gefässen daselbst (Franz.).

Fig. 11 nach Aufnahme des Fabrikanten C. Baur in Biberach.

" 7 " " Zeichenlehrers Bosch in Ravensburg.

" 1—4 u. 10 nach Aufnahme des Zeichners Paul Haage in Stuttgart.

Das Übrige entnommen aus:

„Sauvageot, Palais, châteaux, Hôtels et maisons de France du XV. au XVIII. siècle."

„Reynard, ornements des anciens maîtres."

„Sauvageot, musée impérial du Louvre."

sowie nach verschiedenen photographischen Aufnahmen.

H. Dolmetsch.

FLACHORNAMENTE VERSCHIEDENER TECHNIKEN.

ORNAMENTENSCHATZ.

VERL. · JUL. HOFFMANN. STUTTGART.

H. Dolmetsch.

WAND- UND DECKENMALEREI, INTARSIEN UND LEINENSTICKEREI.

ORNAMENTENSCHATZ.

VERL. v. JUL. HOFFMANN, STUTTGART.

DEUTSCHE RENAISSANCE.

WAND- und DECKENMALEREI, INTARSIEN und LEINENSTICKEREI.

Trotz der eigenartigen Richtung, welche die Kunst der Renaissance in Deutschland nimmt und durch welche sie sich noch mehr von der Antike entfernt als in Italien und Frankreich, treten doch immer Spuren, und oft sehr deutliche, hervor, welche auf das Mutterland der Renaissance zurückführen. So zeigen Fig. 2—5 unverkennbar italienischen Einfluss, der sich aber leicht durch Studienreisen der Urheber jener Malereien in Italien erklären läfst, wie sich ja z. B. auch Dürer u. A. längere Zeit dort aufhielten, um die neue Kunst an Ort und Stelle genau kennen zu lernen. —

Diese Malereien bevorzugen helle und heitere Töne auf ganz oder wenigstens beinahe farblosem Grunde. In ihrem Charakter haben sie manche Ähnlichkeit mit altrömischen Verzierungen. Dies gilt auch von Fig. 1; der Schöpfer dieser und anderer ähnlicher Dekorationen im Fuggerhause dürfte jedoch in der Person eines italienischen Meisters zu suchen sein, welcher wahrscheinlich nach der Sitte jener Zeit von dem reichen Fugger aus Italien berufen und mit der Ausschmückung seines grofsartig angelegten Hauses betraut worden war.

Fig. 6 zeigt uns eine jener vielen eingelegten Arbeiten, die ebenso durch den Reiz der Zeichnung, die Feinheit der Ornamente, die unerschöpfliche Abwechslung der Motive, wie durch die geradezu erstaunliche Geduld und Mühe, von welcher sie Zeugnis geben, die gerechte Bewunderung unserer Zeit erregen. Auch bei diesen Gegenständen wurde viel Gewicht auf eine Wirkung durch Farben gelegt, wobei die Schattierungen durch Einbrennen hervorgebracht wurden.

Im mittleren Teile dieser Figur finden wir sodann eine der deutschen Renaissance eigentümliche Ornamentbildung, deren Entstehung zweifellos auf die damals zu hoher Blüte gelangte Schmiedekunst zurückgeht. Es werden nämlich flache Metallbeschläge geradezu nachgebildet mit ihren Nieten und Nägeln; die Bänder, in welche das nachgeahmte Metallblech ausläuft, werden häufig zu stylisiertem Blattwerk ausgearbeitet oder umgebogen und aufgerollt.

Was die Leinenstickerei betrifft, so dürfte bekannt sein, welch' sorgfältiger Pflege in der deutschen Familie sich dieselbe zu erfreuen hatte. Selbst grofse Künstler, wie die beiden Holbein, hielten es nicht unter ihrer Würde, diesen Zweig des Kunstgewerbes durch eigenhändige Entwürfe zu unterstützen.

Fig. 1. Wandmalerei von den Baderäumen im Fuggerhause zu Augsburg.
„ 2, 3 u. 5. Desgl. im Rittersaale der Trausnitz zu Landshut.
„ 4. Deckenmalerei daselbst.
„ 6. Eingelegte Holzarbeit vom Deckel einer Kassette.
„ 7. Gestickte Bordüre an einer Leinendecke.

Fig. 1. Aufgenommen von Zeichner Paul Haaga in Stuttgart.
„ 2—5. „ „ G. Gräf, Vorstand der Fachabteilung der gewerbl. Fortbildungsschule zu München.
„ 6. „ „ Fabrikant C. Baur in Biberach.
„ 7. Nach dem im Besitze des Konditors Schauffele in Schwäbisch Hall befindlichen Originale.

DEUTSCHE RENAISSANCE.

GLASMALEREI.

So sehr im grofsen und ganzen das Kunstgewerbe in der Zeit der Renaissance blüht und gedeiht, so macht doch gerade die Glasmalerei von dieser Thatsache eine gewisse Ausnahme. Wenn auch in Rathäusern und Zunftstuben, auf Schlössern der Adeligen und in den Wohnungen der Bürger gemalte Scheiben, namentlich mit Wappen, sinnbildlichen oder geschichtlichen Darstellungen u. s. w. keine Seltenheit sind und besonders durch die Feinheit der Ausführung sich auszeichnen, so wird diese Kunst doch auf dem Gebiet, welches ihr sonst am meisten Gelegenheit zur Entfaltung bot, nämlich beim Kirchenbau, mehr und mehr zurückgedrängt; späterhin läfst sie sich jedoch wieder durch ihren Eifer, der eigentlichen Malerei den Rang streitig zu machen, zu umfangreichen bildlichen Kompositionen verführen, die den innersten Gesetzen der Glasmalerei streng genommen geradezu widersprechen.

Ihre Schranken hält sie dagegen noch ein z. B. in den Glasgemälden der Kapelle in der Königl. Residenz zu München. Diese dienen wesentlich dekorativen Zwecken und sind trotz eines gewissen Hanges zum Naturalismus von grofser Schönheit.

Fig. 1—3. Glasmalereien aus der Kuppel der reichen Kapelle in der Königl. Residenz zu München. Entnommen aus: „Zettler, Essler und Stockbauer. Ausgewählte Kunstwerke aus dem Schatz der reichen Kapelle in der Königl. Residenz zu München.

H. Dolmetsch.

GLASMALEREI.

ORNAMENTENSCHATZ.

VERL. - AUL. HOFFMANN, STUTTGART.

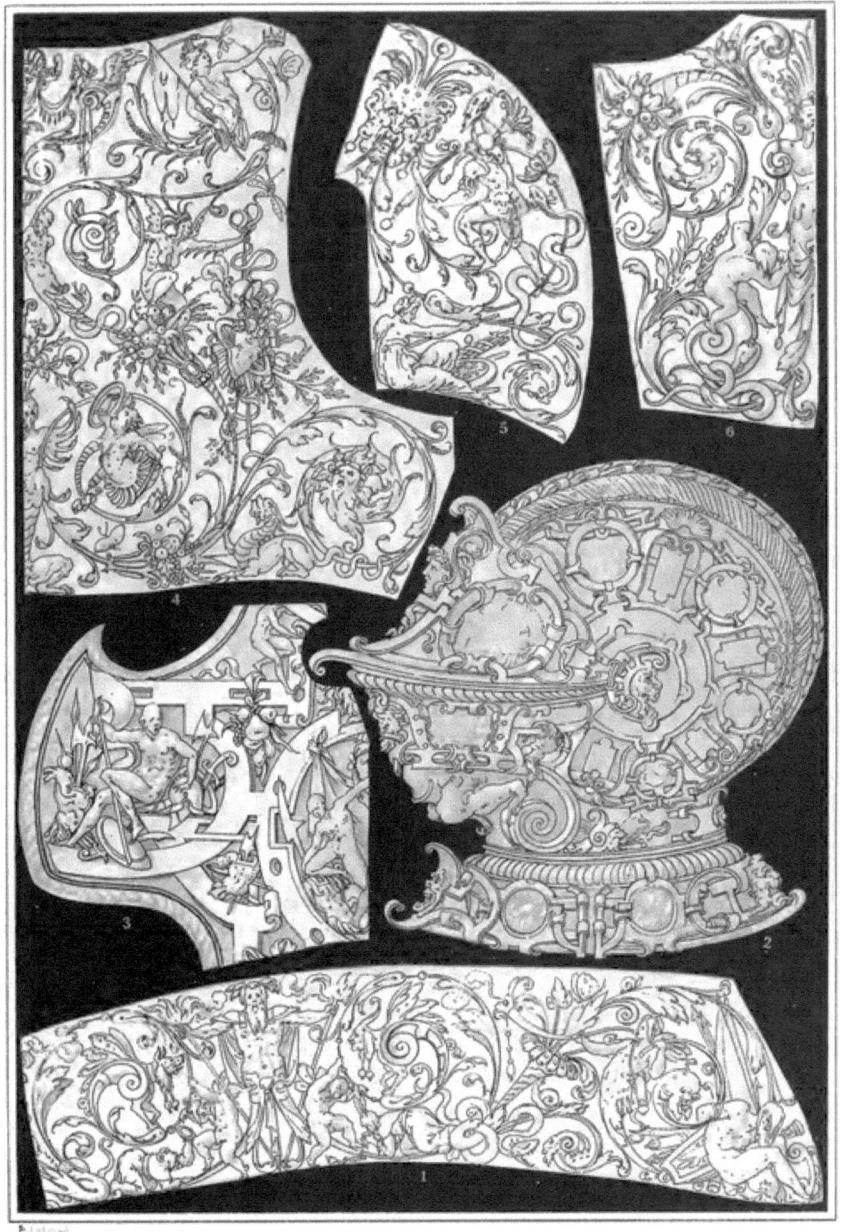

METALLARBEITEN.

DEUTSCHE RENAISSANCE.

METALL-ARBEITEN.

Wir haben es bei unserer Tafel zunächst nur mit einem besonderen Zweige des so Vieles umfassenden Gebietes der Metallarbeiten zu thun, nämlich mit Erzeugnissen der sogenannten Plattner- oder Harnisch-Arbeiter. Lange Zeit galten viele Waffen und Rüstungen wegen ihres, mit staunenswertem Kunstsinn und geradezu unendlicher Abwechslung in Ranken-, Rahmen- und Riemenwerk verzierten Oberfläche als Werke der größten italienischen Meister, welche jene namentlich am französischen Hofe hergestellt hätten. Vor einigen Jahrzehnten wurde jedoch die überraschende Entdeckung gemacht, daß die meisten und zwar gerade die schönsten dieser Gegenstände deutschen Ursprung haben, da hauptsächlich deutsche Meister es waren, die zu diesem Zwecke nach Frankreich von Franz I. und Heinrich II. berufen wurden.

Diese Harnische, Schilde, Helme u. s. w. sind teils mit ganzen bildlichen Darstellungen, teils mit einzelnen Figuren, Tieren, Vögeln, Fabelwesen, mit Blumen und Rankenwerk in der prächtigsten Weise verziert; in der späteren Zeit bekamen dann allerdings die Schnörkel und eingerollten Bänder, sowie die Kartuschen das Uebergewicht, wie in der italienischen und französischen Renaissance, so daß jenes feinere vegetabilische Ornament der früheren Zeit zurücktreten mußte.

Zur Anwendung kam bald das Aetzen, bald das Ziselieren, bald das Tauschieren der Metalle, noch häufiger aber wurden die Platten getrieben, so daß die Zeichnungen erhaben hervortraten.

Fig 1—6. Abbildungen von Rüstungen aus dem Kabinet der Handzeichnungen alter Meister in München.

Entnommen aus: „Hefner-Alteneck, Original-Entwürfe deutscher Meister für Prachtrüstungen französischer Könige."

DEUTSCHE RENAISSANCE.

BEMALTE PLASTIK.

Freude an lebensfrischer Darstellung war es, was die Künstler der Renaissance veranlasste, ihre plastischen Gebilde durch Farben zu beleben. So ist die grofse prachtvolle Decke im Rittersaale des Schlosses zu Heiligenberg fast ganz mit Farben bedeckt, die in schönster Harmonie untereinander dazu dienen, die plastischen Gebilde erst recht hervorzuheben. Ebenso bekommen die beiden Geweihhalter und die Mittelfigur durch die Bemalung einen eigenen Reiz, welcher dem blofsen Holz- oder Steinbildwerk abgegangen wäre.

Auch bei der Holz- und Steinskulptur der späteren deutschen Renaissance ist ein Überwiegen der Kartuschen und des Bandwerks zu bemerken, welch' letzteres zu mannigfachen interessanten Verschlingungen und Durchschiebungen Gelegenheit bietet.

Die weibliche Gestalt bei Fig. 11 stellt die Gemahlin des Erbauers des Lusthauses, des Herzogs Ludwig, Ursula, geb. Pfalzgräfin bei Rhein, dar. In dem leider nicht mehr vorhandenen Lusthause stand auf der abgebildeten Konsole jedoch eine andere Figur, auf welche das Wappen sich bezieht.

Gegen 50 derartige Gewölbeanfänger zierten einst die jene Prachtbauten umgebenden Arkadengänge.

Fig. 1—10. Teile von der bemalten Holzdecke im Rittersaale des Schlosses zu Heiligenberg.
 „ 11. Gewölbeanfänger von den Arkadengängen des ehemaligen Lusthauses zu Stuttgart.
 „ 12 u. 13. Aus Birnbaumholz geschnitzte Wandschilder im Museum vaterländischer Altertümer daselbst, zu der ehemaligen Ausstattung eines Jagdzimmers der Familie Besserer zu Ulm gehörend. In den ovalen Mittelfeldern sind geschnitzte Hirschköpfe mit seltenen Geweihen befestigt.

Fig. 1—10. Nach Aufnahmen von H. Dolmetsch.
 „ 11—13. „ „ „ Zeichner P. Haaga in Stuttgart.

Berichtigung. Im Text zu Tafel 68 lies Zeile 5 von oben „die sog. Oiron-Fayencen".

DEUTSCHE RENAISSANCE.

BEMALTE PLASTIK.

ORNAMENT=BÜCHER / WIEN. — JUL. HOFFMANN, STUTTGART

11. Dohnanusch.

H. Dolmetsch.

ORNAMENTENSCHATZ.

BUCHEINBÄNDE.

VERL. v. JUL. HOFFMANN, STUTTGART.

DEUTSCHE RENAISSANCE.

BUCHEINBÄNDE.

Zu Bucheinbänden, deren Ornamente in der guten Zeit stets flach behandelt wurden, pflegte man fast immer Leder zu verwenden. In der ersten Zeit schnitt man die Umrisse der Zeichnung scharf ein und vertiefte die von derselben nicht bedeckte Fläche. Später dagegen nahm man kleine Metallstempel zu Hilfe, deren Muster durch Aneinanderreihung die den Einband umrahmende Bordüre hervorbrachten. Die Ecken sind in diesem Falle nicht besonders ausgebildet, sondern die Bordüren laufen hier willkürlich zusammen. — Solche Bordüren umsäumen die Buchdecke oft in mehreren Reihen und eine allzugrofse Schlankheit des mittleren noch übrigen Feldes wird durch Einschaltung besonderer Querbordüren, entlang den Schmalseiten verhindert, was man häufig auch dadurch erreichte, dafs die Stempelmuster doppelreihig und symmetrisch zu einander eingeschlagen oder eingeprefst wurden (Fig. 5 und 35). Die gewöhnlich kleinen Mittelfelder sind dann entweder mit Stoffmustern oder mit Eck- und Mittelstücken verziert (Fig. 9—11, 13, 14, 23—26, 28—32 zeigen Muster letzterer Art).

Daneben kamen aber auch bei manchen Einbänden freie, oft farbige Arabesken und Bänder-verschlingungen vor (vergl. Taf. 65, Fig. 6 und 7), welche in der Blütezeit noch Bordürenumrahmung haben, während diese später weggelassen und oft Eckstücke angefügt wurden, die sehr lebhaft an Metall-beschläge erinnern.

Am kostbarsten waren natürlich Einbände mit wirklichem Metallbeschläg, namentlich wenn dies aus edlem Metall bestand. Die Verzierung ist dann in der Regel plastisch gegossen oder getrieben. Fig. 1 dagegen zeigt ein einfaches, ausgesägtes und sodann graviertes Ornament aus Silber.

Noch sei erwähnt, dafs bei der Ausschmückung des Bücherrückens die Schnürung in hübscher Weise verwertet wurde, indem dieselbe entweder durch Wülste in Leder oder durch vertiefte horizontale Linien angedeutet und dadurch eine Teilung hervorgebracht wurde. Die dann entstehenden Felder wurden mit einfachen Ornamenten ausgefüllt.

Fig. 1. In Silber beschlagene Buchdecke (natürliche Gröfse) aus der Sammlung vaterländischer Altertümer in Stuttgart.

„ 2—36. Verzierungen an Schweinslederbänden (in Blinddruck hergestellt) aus der Königlichen Handbibliothek zu Stuttgart.

Aufgenommen von H. Dolmetsch.

DEUTSCHE RENAISSANCE.

STICKEREI UND WEBEREI.

Fig. 7.

Bei den Stickereien ist natürlich der Charakter der Verzierung wesentlich durch die Art der Technik bedingt, doch beruht gerade bei unserer Tafel der gewaltige Unterschied zwischen Figur 3 u. 4 einerseits und Fig. 1 u. 5 andererseits mehr darauf, dafs dort gotische Anklänge in nicht geringem Grade vorhanden sind, während hier eher orientalische Vorbilder mafsgebend für den Künstler waren. Namentlich die zierlichen Durchschlingungen in Fig. 5, sowie die schöne Ausfüllung der Fläche bei Fig. 1 u. 5 erinnert den Beschauer an Ornamente aus dem Osten. Vollends die Weberei in Fig. 7 hat ausgeprägte persische Verwandtschaft.

Aber bei alledem bewahrt doch die Renaissance in diesen Mustern ihr eigenartiges Wesen und ihre selbständigen Züge. (Fig. 1, 5, 6.)

Die Entstehung der Stickerei Fig. 5 fällt in die ersten Jahre des siebzehnten Jahrhunderts, um welche Zeit die Münchener Seidensticker einen weitverbreiteten Ruf genossen.

Fig. 1. In Kreuzstich gestickter Tischteppich im Besitze des Herrn Konditors Schauffele in Schwäbisch-Hall.
„ 2. Leinenstickerei aus dem bayr. National-Museum zu München.
„ 3. Gestickte Bordüre von einem Teppiche daselbst.
„ 4. Teppich auf Tuch gestickt. Daselbst (1560—1590).
„ 5. Vorhang-Bordüre in Applikationsstickerei auf Samt (16ᶜᵐ. breit) aus der reichen Kapelle in der Königl. Residenz zu München.
„ 6. Bordüre einer in Gold gestickten Ledertasche im bayr. National-Museum zu München.
„ 7. Muster eines gewobenen Stoffes in der Kirche zu Weingarten.
  Fig. 1—5 aufgenommen von Zeichner Paul Haaga in Stuttgart.
  „ 6 entnommen aus: „Zettler, Ensler und Stockbauer. Ausgewählte Kunstwerke aus dem Schatze der reichen Kapelle in der Kgl. Residenz in München."
  „ 7 nach Aufnahme des Zeichenlehrers Bosch in Ravensburg, gezeichnet von G. Werner daselbst.

H. Dolmetsch.

STICKEREI.

ORNAMENTENSCHATZ

VERL. v. JUL. HOFFMANN, STUTTGART.

Dolmetsch.

TYPOGRAPHISCHE VERZIERUNGEN.

DEUTSCHE RENAISSANCE.

TYPOGRAPHISCHE VERZIERUNGEN.

Fig. 14.

Die Sitte, die Drucke durch kunstvolle Anfangsbuchstaben, Randleisten u. dgl. zu schmücken, ist fast so alt, als die ganze Buchdruckerkunst selbst. Anfangs waren es natürlich noch gotische Formen, in denen man sich bewegte, aber die Wende des 15. und 16. Jahrhunderts bezeichnete auch für diesen Zweig der Kunst den Beginn einer neuen Zeit. Von einschneidender und ausschlaggebender Bedeutung war besonders die Thätigkeit der grössten deutschen Künstler jener Periode, eines Holbein, Dürer u. A. Sie schufen immer neue Zieralphabete, zeichneten selber Titelblätter, Schlußverzierungen u. s. w. und hoben so die Buchdruckerkunst auf eine hohe Stufe. — Eine ganze Reihe von Städten war durch ihre Druckereien berühmt, und als mit den dreißiger Jahren des sechzehnten Jahrhunderts die grofsen Meister nicht mehr da waren, konnten doch die Nachkommen von dem Vorrat, den jene geschaffen, noch lange zehren. Es konnte aber dabei nicht ausbleiben, dafs im Laufe der Zeit, wie sonst in der Renaissance, so auch hier ein Niedergang eintrat, und zu welchen Verirrungen man bei der Verwendung der Holzschnittornamentik gelangte, dafür möge Fig. 14 als Beispiel dienen.

Ein Blick auf Tafel 59 zeigt uns, dafs die deutsche Bücherornamentik eine Vergleichung mit der französischen nicht zu scheuen braucht, wenn auch jene häufig etwas derber als diese sich darstellt.

Fig. 1. Titelumrahmung (1519) vermutlich von Hieronymus Hopfer.
„ 2. Buchstabe von Albrecht Dürer.
„ 3. Fries (1539) von A. Aldengrever.
„ 4. Buchstabe aus einem Totentanzalphabet von Hans Holbein.
„ 5. Randverzierung aus dem Gebetbuch Kaiser Karls V. von Albrecht Dürer.
„ 6. Fries (1528) von H. S. Beham.
„ 7. Buchstabe (1518) von unbekanntem Meister.
„ 8. Desgleichen von Paul Frank.
„ 9. Desgl. von Jost Aman.
„ 10. Desgl. (1527—1532) von Hans Holbeins Kinderalphabet.
„ 11. Desgl. von unbekanntem Meister.
„ 12. Fries von J. Binck.
„ 13. Buchstabe von P. Frank.
„ 14. Kopfleiste von Theodor de Bry.
„ 15. Schlußverzierung von J. H. von Bemmel.

Fig. 15.

DEUTSCHE RENAISSANCE.

BEMALTE PLASTIK.

Beiliegende Abbildungen bringen weitere Einzelheiten von der bei Tafel 72 erwähnten Decke im grofsen Rittersaale des Schlosses Heiligenberg zur Anschauung. Diese Decke ist ganz aus Lindenholz geschnitzt und in reichster Weise farbig, namentlich mit Blau, Rot, Grün, Gold und Silber behandelt. Aber trotz diesem Farbenreichtum und der überraschend grofsen Mannigfaltigkeit von Blätterranken, Bandwerk, Figuren u. s. w. macht sie doch keinen überladenen und unruhigen Eindruck, sondern die Gesamtwirkung ist, wie früher bemerkt, durchaus angenehm und harmonisch für das Auge.

Fig. 1—5 aufgenommen von H. Dolmetsch.

H. Dolmetsch.

BEMALTE PLASTIK.

H. Dolmetsch.

PLASTISCHE VERZIERUNGEN IN STEIN.

ORNAMENTENSCHATZ.

VERLAG v. JUL. HOFFMANN STUTTGART

DEUTSCHE RENAISSANCE.

PLASTISCHE VERZIERUNGEN in STEIN und HOLZ.

Wenn wir den Unterschied des italienischen und deutschen Renaissance-Ornaments im allgemeinen dahin bestimmen können, dafs bei gleicher Fülle der Formen die italienische Renaissance durch gröfsere Feinheit und Eleganz, namentlich des figürlichen Elements, und durch schönere Verteilung der Verzierungen auf den Flächen sich auszeichnet, so darf doch auch nicht geleugnet werden, dafs manche Leistungen deutscher Kunst jener südländischen ebenbürtig zur Seite gestellt werden können. Davon geben die ornamentalen Zierden der vielen grofsartigen Renaissancebauten in Deutschland beredtes Zeugnis.

Fig. 1. Herme von den Grabdenkmälern württembergischer Fürsten im Chore der Stiftskirche zu Stuttgart.

„ 2. Füllung am Pfeiler einer Abschränkung im grofsen Rathaussaale zu Nürnberg.

„ 3. Thürleibung im Otto-Heinrichs-Bau des Schlosses zu Heidelberg.

„ 4. Sockel an einem Grabdenkmal der Schenken zu Limpurg im Chore der Stadtkirche zu Gaildorf.

„ 5—10. In Holz geschnitzte Füllungen und Friese von einer Saaldecke im Schlosse zu Jever.

Fig. 4 aufgenommen von H. Dolmetsch.

Das Uebrige nach Photographien.

Durch ein Versehen blieben bei der Unterschrift an Tafel 77 die Worte „und Holz" (s. Textüberschrift) weg. Im Text zu Tafel 75 lies Zeile 3 von unten: Fig. 15 anstatt Fig. 14.

DEUTSCHE RENAISSANCE.

WAND- und DECKENMALEREI.

Eine prachtige, wenn auch ganz besondere Art der Wandmalerei führt uns die beiliegende Tafel vor Augen. Der sog. goldene Saal im Schlosse zu Urach ist ganz in dieser Weise geschmückt. Die Wände sind im allgemeinen glatt, aber durch die Malerei in Felder eingeteilt und diese zeigen durchgängig eine Verzierung, die unwillkürlich an Vorbilder aus der Eisentechnik erinnert. Besonders tritt dies zu Tage bei den mannigfachen Durchschlingungen und Umrahmungen. Der in letzteren in häufiger Wiederholung sich findende Palmbaum mit dem Wahlspruch „Attempto" (s. Fig. 5) weist zwar auf die Regierung Eberhards im Bart hin, allein die Malerei und die Architektur des Saales dürfen wir mit zweifelloser Sicherheit in das letzte Drittel des 16. Jahrhunderts verlegen. An der einfach geschmückten Decke sind die sichtbaren Balken braunrot, dagegen die schmalen Zwischenfelder hell. Trotz der Beschränkung auf wenige Farben (braunrot, weifs, gold und blau) ist die Malerei von ebenso schöner als angenehmer Wirkung.

Fig. 1. Bogen-Zwickel an Wandfeldern.
„ 2. Füllung in einer Fensterleibung.
„ 3 u. 4. Säulenverzierungen.
„ 5. Verzierung an den Fensterbrüstungen.
„ 6 u. 7. Mittel- und Eckstücke an den Umrahmungsfriesen der Wandfelder.
„ 8—11. Dekoration an den Deckenbalken mit erhabenen Holzrosetten und Knöpfen.
„ 12. Thürverdachung von Holz.

Sämtliches aus dem goldenen Saale zu Urach.

Aufgenommen von Zeichner Paul Haaga in Stuttgart.

KARTUSCHEN UND EDELMETALLARBEITEN MIT EMAIL

VERL. • JUL. HOFFMANN, STUTTGART

DEUTSCHE RENAISSANCE.

KARTUSCHEN und EDELMETALLARBEITEN mit EMAIL.

Am meisten berühren sich die Formen deutscher und italienischer Renaissance auf dem Gebiete der Edel-metallarbeiten, da einerseits die neue Kunst hauptsächlich durch solche Werke in Deutschland ihre erste Verbreitung fand, andererseits aber die deutschen Künstler es verstanden, die mustergiltigen Erzeugnisse italienischer Goldschmiedetechnik nicht nur hinsichtlich der technischen Vollendung, sondern auch in Bezug auf Schönheit der Formen zu erreichen. Namentlich ist Süddeutschland mit seinen vielen gewerbereichen Städten schon frühe ein Sammelplatz bedeutender Edelmetallarbeiter geworden. Trinkgefässe, Tafelgeschirre, Waffen, Ringe, Gürtel, Schmuck-Gehänge, Spangen, kirchliche Geräte u. s. w. gaben reichen Anlaß zu künst-lerischer Behandlung. Bemerkt muß jedoch werden, daß der Hang zu naturalistischer Darstellung namentlich der Blumen und Ranken, die Neigung zum Eigentümlichen hier, wie auf anderen Gebieten der Kunst bald den Weg für den Barockstyl ebnete. Die Vorliebe jener Zeit für Kartuschen zeigt sich in der Anwendung derselben für die mannigfachsten Zwecke. (Fig. 1 u. 2.)

Fig. 1 u. 2. Kartuschen von einem Stammbaume in der Sammlung vaterländischer Altertümer zu Stuttgart.

„ 3—17. Verschiedene Verzierungen an Altärchen, Reliquienbehältern und einem Kreuze aus dem Schatze der reichen Kapelle der kgl. Residenz zu München.

„ 18—20. Teile von Schmuckgegenständen.

„ 21—23. Beschlägteile an einem Wehrgehänge nach Pergamentzeichnungen von Hans Mielich.

„ 24. Schmuck-Gehänge aus der Sammlung des grünen Gewölbes zu Dresden.

„ 25. Spitze einer Degenscheide von Hans Mielich.

„ 26. Schmuck-Gehänge aus dem Museum zu Pest.

   Fig. 1 u. 2, aufgenommen von Zeichner P. Haaga in Stuttgart.
   Das Uebrige entnommen aus:
   „Zettler, Ensler u. Stockbauer, Ausgewählte Kunstwerke aus dem Schatze der reichen Kapelle in der Kgl. Residenz zu München."
   „Becker u. Hefner, Kunstwerke und Gerätschaften des Mittelalters und der Renaissance."
   „Luthmer, Goldschmuck der Renaissance."
   „Schorn, Kunst u. Gewerbe, herausgegeben vom bayerischen Gewerbemuseum zu Nürnberg 1883."

XVII. UND XVIII. JAHRHUNDERT.

STICKEREI, GEPRESSTE LEDERTAPETEN
UND GOLDSCHMIEDEARBEIT.

Die Zeit der Entartung der Renaissance und damit die Herrschaft des Barock- und Rokokostils ist auf unserer Tafel besonders gekennzeichnet durch den Naturalismus der Blumen, die verschnörkelten Linien, die unruhige Bewegung in der Zeichnung und bei der Stickerei in Fig. 1 namentlich auch durch das Bestreben nach plastischer Gestaltung des Ornaments.

Fig. 3 gehört schon ganz der Zeit des Rokoko an.

———————

Fig. 1. Stickerei aus der Sammlung vaterländischer Altertümer zu Stuttgart, hat früher als Behang über einem Altare in der Klosterkirche zu Weingarten gedient.

„ 2. Gesticktes Messgewand aus derselben Sammlung.

„ 3. Bordüre einer geprefsten Ledertapete.

„ 4 u. 5. Bauchverzierungen an einem silbernen und teilweise vergoldeten Pokale, nach einer Reproduktion des ungarischen Landes-Kunstgewerbe-Museums zu Budapest.

Fig. 1 u. 2 aufgenommen von Zeichner P. Haaga in Stuttgart.

Fig. 3 entnommen aus: „Hoffmann, les arts et l'industrie."

Das Uebrige nach Photographie.

XVII. UND XVIII. JAHRHUNDERT.

STICKEREI. GEPRESSTE LEDERTAPETEN UND GOLDSCHMIEDEARBEIT.

H. Dolmetsch.

EINGELEGTE FUSSBÖDEN IN HOLZ.

XVIII. JAHRHUNDERT.

EINGELEGTE FUSSBÖDEN IN HOLZ.

In wirklich origineller Weise sind die auf unserer Tafel abgebildeten Fufsböden ausgeführt. Entsprechend dem willkürlichen Charakter der französischen Kunstrichtung, welche in der hier in Betracht kommenden Zeit ihre Herrschaft über alle die vielen deutschen Fürstenhöfe ausdehnte, finden wir bei diesen eingelegten Fufsböden weniger geometrische Muster, als vielmehr oft grofsartig zusammengesetzte Zeichnungen, denen die mannigfach gefärbten Hölzer, namentlich soweit sie zur Darstellung vegetabilischer Gegenstände dienen, nicht wenig Lebendigkeit und einen eigenen Reiz verleihen.

Sämtliche abgebildete Muster sind in dem durch Herzog Karl von Württemberg 1763—1767 erbauten Lustschloss Solitude bei Stuttgart durch den hochfürstlich Württembergischen Hof- und Modellschreiner Johann Georg Beyer in Stuttgart ausgeführt worden; doch ist nur noch ein kleiner Teil dieser kostbaren Böden erhalten.

Die Originalzeichnungen befinden sich im Besitz eines Nachkommen des J. G. Beyer, des Schreinermeisters Beyer in Ludwigsburg.

XVII. UND XVIII. JAHRHUNDERT.

PLASTISCHE VERZIERUNGEN.

Ein Blick auf die Tafeln 82—84 lässt uns den Unterschied des Barock-, Rokoko- und Zopfstils — auch als Stil Ludwigs XIV., XV. und XVI. bekannt — in ziemlich scharfer Ausprägung erkennen.

Der Barockstil, der sich zunächst als eine Weiterbildung der Renaissance darstellt, nimmt manches antike Motiv in sich auf. Im ganzen ist er, namentlich was das Ornament betrifft, als prächtig und grofs-artig zu bezeichnen; auch fehlt es ihm durchaus nicht an Mannigfaltigkeit und Abwechslung, mitunter leidet er an verschwenderischer Ueppigkeit, ja an Ueberladung. Eine besondere Rolle spielt von jetzt an das Muschelwerk; charakteristisch ist bei Umrahmungen die schnörkelartige Bildung der Ecken.

Alles dies erfährt noch manche Steigerung gegen das Ende der langen Regierung Ludwigs XIV. und damit ist die Grundlage für die Entwicklung des unter Ludwig XV. zur Herrschaft gelangten Rokoko-stils gegeben.

Fig. 1. Verzierung an Füllungen von Thür- und Fensternischen im Thronsaale des Schlosses zu Fontainebleau. (Stil Ludwigs XIV.)
„ 2. Erhabenes Flächenmuster in den Füllungen der Thür- und Fensternischen im Schlafzimmer der Königin in demselben Schlosse. (dto.)
„ 3. Holzschnitzerei von einer Wandtäfelung im Schlosse zu Bercy. (dto.)
„ 4. Kapitäl an einem Spiegel im Prunkzimmer des Hôtel de Lauzun zu Paris. (dto.)
„ 5. Kapitäl entworfen von dem deutschen Meister Paul Decker. (dto.)
„ 6. dto. im Medaillensaal des Schlosses zu Versailles. (Ludwig XV.)
„ 7. Ecke einer Spiegelrahme im Schlafzimmer der Königin ebenda. (dto.)
„ 8. Architekturstück im Stile Ludwigs XV. (Nach A. Rosis 1753.)
„ 9. Vignette nach T. Johnson Carver (1761). (dto.)

Entnommen aus: Pfnorr, architecture et décoration des époques Louis XIV., Louis XV. et Louis XVI. au palais de Fontainebleau.
Rouyer et Darcel. L'art architectural en France depuis François I. jusqu'à Louis XIV.
Umé, Verzierungskunst. Muster von Verzierungen aus allen Stilen und Zeitaltern.
Reynard, Ornaments des anciens maîtres du XV. au XVIII. siècle.

Fig. 9.

H. Dolmetsch.

PLASTISCHE VERZIERUNGEN.

VERLAG v. JUL. HOFFMANN STUTTGART

H.Dolmetsch

WAND- UND DECKENDEKORATIONEN IN STUCK, MALEREI UND LEDERPRESSUNG.

XVII. UND XVIII. JAHRHUNDERT.

WAND- UND DECKENDEKORATIONEN IN STUCK, MALEREI UND LEDERPRESSUNG.

Fig. 2 ist besonders dazu geeignet, uns ein Bild von dem Wesen des Rokoko /Stil Ludwigs XV., vor die Augen zu führen. Hier, wie auf Tafel 82, Fig. 6—8, sehen wir die unglaublichste Willkür in der Behandlung der Linien, eine Ueberfülle von Blumen- und Rankenwerk, von Kartuschen, eine Ueberladung mit dekorativen Elementen. Genien, überhaupt Figuren werden überall angebracht und grofs ist die Vorliebe für Allegorien und Embleme. Besonders zu beachten ist, dass die Dekoration ganz selbständig auftritt, ohne sich dem konstruktiven Kern unterzuordnen. Dabei lässt sich aber nicht leugnen, dafs die Schöpfungen des Rokoko häufig eine überaus zierliche und lebendige, wenn auch eigentümliche und kecke Ornamentik aufweisen. Bewunderungswürdig ist bei diesem Stile auch das harmonische Zusammenwirken von Architektur, Skulptur und Malerei, wie es sich sonst selten findet.

Fig. 1. Gepresste Ledertapete im Stile Ludwigs XIV. aus der Sammlung vaterländischer Altertümer zu Stuttgart.

„ 2. Deckendekoration aus dem Schlosse zu Bruchsal.

„ 3. Bemalte Thürfüllung aus einem Herrschaftsgebäude in Paris.

Fig. 1. Aufgenommen von Zeichner Paul Haaga in Stuttgart.

„ 2. „ „ H. Dolmetsch.

„ 3. Entnommen aus: Daly, motifs historiques d'architecture et de sculpture d'ornement.

XVIII. JAHRHUNDERT.

PLASTISCHE UND GEMALTE VERZIERUNGEN.

Zopfstil — dieser Ausdruck wird fälschlicherweise mitunter für Barock, ja Rokoko gebraucht. Er soll jedoch nichts anderes bezeichnen, als die allerdings manchmal etwas nüchterne und steife Richtung, welche die Kunst unter Ludwig XVI., gewissermassen im Gegensatz gegen die pomphafte, verschnörkelte Kunstweise unter Ludwig XV., durch Zurückgehen auf die Antike eingeschlagen hat. —

Im Vergleich mit den Ausschreitungen des Rokoko wirken die ruhigen, strengen Formen des Zopfstils wohlthuend auf den Beschauer, vorausgesetzt, dafs, wie dies eben auch in vielen Fällen vorkommt, die Ruhe nicht in Starrheit und die Strenge nicht in Nüchternheit ausartet.

Fig. 1. Holzschnitzerei an einer Wandtäfelung im Musikzimmer der Bibliothek des Arsenals zu Paris. (Stil Ludwigs XV.)

„ 2 u. 3. Geschnitzter Pilaster von der Wandtäfelung eines Salons in Paris. (Stil Ludwig XVI.)

„ 4. Gemalter Fries aus dem Boudoir der Königin Marie Antoinette im Schlosse zu Fontainebleau. (dto.)

„ 5. Füllung einer in Stuck ausgeführten Deckenhohlkehle eines Salons in Paris. (dto.)

„ 6. Geschnitzte Wandfüllung über einer Salonthüre im Hôtel de ville zu Bordeaux. (dto.)

„ 7. Vignette nach Berthault et Bachelier (1760). (Ludwig XV.)

Fig. 7.

H. Dolmetsch.

PLASTISCHE UND GEMALTE VERZIERUNGEN.

H. Dolmetsch.

BORTENWIRKEREI, WEBEREI UND STICKEREI.

XVII. UND XVIII. JAHRHUNDERT.

BORTENWIRKEREI, WEBEREI und STICKEREI.

Die 3 zuletzt besprochenen Stilarten übten einen weitreichenden Einfluss nicht nur auf die Ausstattung der Wohnräume, sondern namentlich auch auf die Ausschmückung sämtlicher Bekleidungsgegenstände aus. Auch hier lassen sich bestimmte Unterschiede unschwer erkennen. So weist bei Fig. 1, 2, 5 die strengere Stilisierung noch auf einen gewissen Zusammenhang mit der Renaissance hin, während Fig. 3 u. 6, dann aber besonders Fig. 4 u. 7 das wachsende Uebergewicht des Naturalismus zur Geltung bringen.

Fig. 1. Borte im Stile Ludwigs XIV. im Besitze des Möbelfabrikanten C. Baur in Biberach.

  „ 2. Stickerei an einer seidenen Weste. (Ludwig XIV.)

  „ 3.   „ an einem seidenen Rock (Ludwig XV.) aus der Sammlung vaterländischer Altertümer zu Stuttgart.

  „ 4. Seidenstickerei von einer Samtweste. (Ludwig XVI.) (Ebendaselbst.)

  „ 5. Seidengewebe von einem Messgewand. (Ludwig XIV.)

  „ 6. Gewobener Seidenstoff für Kleider. (Ludwig XV.)

  „ 7. Gewobener Stoff aus Seide und Wolle. (Ludwig XVI.)

      Fig. 1 aufgenommen von Architekt Blümer in Stuttgart.

      Fig. 3 u. 4 aufgenommen von Zeichner Paul Haага daselbst.

      Das Uebrige entnommen aus: Hoffmann, Les arts et l'industrie.

Sachliches Verzeichnis.

Inhalts-Verzeichnis·